NAS MÃOS DO MONSTRO

JEAN MAUREL

NAS MÃOS DO MONSTRO
O *Rendez-vous* de Nietzsche com Chirico

Tradução de Laura Barreto

© *Copyright*, 2012 – Jean Maurel

Todos os direitos reservados.
Editora Nova Alexandria Ltda.
Av. Dom Pedro I, 840
01552-000 - São Paulo -SP
Tel: 2215-6252
E-mail: novaalexandria@novaalexandria.com.br
Site: www.novaalexandria.com.br

Tradução: Laura Barreto
Coordenação editorial: Juliana Messias
Revisão: Marina Ruivo
Capa: Antonio Kehl
Editoração eletrônica: Antonio Kehl
Créditos das imagens: © DE CHIRICO, Giorgio – Licenciado por AUTVIS, Brasil, 2012

DADOS PARA CATALOGAÇÃO NA FONTE (CIP)

Maurel, Jean, 1960-
    Nas mãos do monstro – O rendez-vous de Nietzsche com Chirico. - São Paulo : Nova Alexandria, 2012

ISBN 978-85-7492-346-8

1. Ensaio. I. Maurel, Jean. II. Título. III. Série.

CDD: 808.4

Índice sistemático para catalogação

027- Bibliotecas gerais
027.7 - Bibliotecas universitárias
028 - Leitura. Meios de difusão da informação

Todos os direitos reservados. Nenhuma parte deste livro pode ser reproduzida sem a expressa autorização da editora.

> *Nós, hiperbóreos.*
> *Se somos diversamente filósofos, nós, Hiperbóreos,*
> *parece em todo caso que o somos diversamente do que*
> *se era filósofo outrora.... Temos pelo labirinto uma*
> *curiosidade própria...*
>
> Friedrich Nietzsche[1]

> *Queria dizer-te uma coisa ao ouvido: Sou o único*
> *homem que compreendeu Nietzsche. Todas as minhas*
> *obras mostram-no.*
>
> Giorgio de Chirico[2]

> *...Minha mão - é a mão de um louco...*
> *...Meu pé é um pé de cavalo...*
> *...Meu estômago... é um estômago de pássaro*
>
> Friedrich Nietzsche[3]

---

[1] N. T.: *Nachgelassene Fragmente* (doravante *Nachlass*), Okt-Nov 1888 23(3). Textos de Nietzsche traduzidos diretamente da *Kritische Studienausgabe*, G. Colli und M. Montinari (Hg), 1999 e 1986.

[2] G. De Chirico a Peter Gartz, 26 de janeiro de 1910 (in Baldacci, Paolo. *De Chirico. 1888, 1919, La metafisica.* p. 67: *Adesso voglio dirle una cosa all'orecchio: io sono l'unico uomo che ha capito Nietzsche. Tutte le mie opere lo strano.*)

[3] *Assim falava Zaratustra,* Do espírito de gravidade.

Sinal verde[4] para o labirinto

Eu poderia imaginar que um homem que tivesse algo de precioso e vulnerável a esconder, rolasse pela vida, grosseiro e redondo, como um verde e velho tonel de vinho pesadamente guarnecido: a fineza de seu pudor assim o quer.[5]

Fora do âmbito do trabalho específico dos críticos de arte, acontece com frequência que um escritor tenha uma proximidade "artística" com obras pictóricas, como ocorre com Baudelaire e Constantin Guys, Proust e Vermeer, Giotto, Monet, ou Victor Hugo, Sartre romancista e Dürer, ou ainda Aragon e Matisse, etc.

Os filósofos, por seu turno, e particularmente nos tempos modernos, não cessam de interrogar os pintores: além de Hegel e Schopenhauer, pensaremos em Sartre e Tintoretto ou Giacometti;

---

[4] O verde é a cor da loucura, segundo os etnólogos... mas também a da esperança!

[5] *Jenseits von Gut und Böse* (doravante *Jenseits*) §40: "Ich könnte mir denken, dass ein Mensch, der etwas Kostbares und Verletzliches zu bergen hätte, grob und rund wie ein grünes altes schwerbeschlagenes Weinfass durch's Leben rollte: die Feinheit seiner Scham will es so".

Foucault e Velasquez; Manet e Magritte; Heidegger e Derrida diante de Van Gogh, Deleuze com relação a Bacon. Quanto a Nietzsche, ele inaugura esta fascinação contemporânea pela pintura: Rafael, mas ainda mais Dürer, Poussin e Claude Lorrain iluminam suas obras.

Acontece ainda com mais frequência que um pintor, mesmo se não encontra aí sua inspiração, tenha uma relação secreta e profunda com um escritor, um filósofo, um pensador. Tal é o caso de Dalí com a Gradiva de Jansen e a obra de Freud que a acompanha.

Nietzsche interessou e influenciou, como se diz, de mais ou menos perto e mais ou menos profundamente, muitos pintores: entre outros, Otto Dix, Munch, Max Ernst, Paul Klee e talvez Pollock. Mas a relação que com ele mantém Giorgio de Chirico é bastante singular, insólita, surpreendente e enigmática. Ela é confessada e declarada longamente por numerosos textos do pintor. Estes, todavia, permanecem mais sugestivos que explícitos, como se o artista quisesse preservar o enigma, o segredo desse contato, dessa proximidade excepcional que parece ultrapassar o domínio mesmo da arte como a entendemos habitualmente e tocar, profundamente, a vida.

É que ele quer, imperiosamente, reservar o testemunho, a demonstração, a "monstração" dessa **paixão súbita**, amorosa e perturbadora a seus quadros.

Em 1910, ele confia a um de seus amigos: *Queria dizer-te uma coisa ao ouvido: sou o único homem que compreendeu Nietzsche. Todas as minhas obras mostram-no.*

O que poderia passar por vaidade derrisória de artista esconde qualquer coisa de verdadeiramente excepcional.

É preciso ousar dizê-lo sem mais: o que tem a nos *revelar* e não simplesmente a nos dizer o mostrador de monstros Chirico, este prestidigitador do pincel, é verdadeiramente o que ninguém, penso, soube apreender, entrever, sentir, adivinhar, (*erraten, deviner*), muito simplesmente porque não se trata de um comentário filosófico ou crítico ordinário, nem de uma simples ilustração de ideia ou de uma transposição em imagens, tampouco de uma emoção mística ou subjetiva inefável, mas de um contato-distância "artístico" (Tanz, Distanz), de uma experiência de despedaçar o coração e deixar sem voz, entre a vida e a morte, e que só o silêncio sem fundo da pintura, a epiderme vibrante e eriçada da tela multicor (*bunt*) de seus sinais difratados, flagrantes mas irresistivelmente mudos, pode esperar comunicar.

Digamos que esta evidência visual dos quadros manifesta uma reserva particular de piscares de olhos, de subentendidos e de meio-vistos, de dizer pela metade aos olhos. Sem dúvida, como toda pintura: aqui, no entanto, é em afinidade e em cumplicidade profunda com o *Augenblick* tal como o entende Nietzsche que se produz esta revelação pictórica, no sentido ao mesmo tempo do revelar de um segredo e da revelação de um negativo fotográfico na câmera escura.

O que descobrimos, inesperadamente, é bem qualquer coisa de monstruoso e ao mesmo tempo, no entanto, de extremamente infantil, doce, terno e simples, como esse famoso e incrível *monstro, esta besta tímida* de Paul Klee que jogaria com um poema de Hölderlin, "Timidez" (*Schüchternheit*), analisado por Benjamin.

Não há qualquer dúvida sobre o adjetivo *metafísico* que Chirico utiliza para designar esse período, esta série pictórica assaz breve do início de sua obra, de 1909 a 1919, aproximadamente (Chirico nasceu em 1888 e morreu em 1978). Ele não concerne uma experiência com o *Au-delà*, a transcendência, as filosofias do *arrière-monde* (*Hinterwelt*) mas, bem ao contrário, o seu questionamento, sua transgressão pela arte, a *metafísica de artista, somente para artistas*, como o sugere o prefácio da *Gaia Ciência*.

Se há enigma a colocar, a propor e a mostrar, pelo qual é preciso dar provas de amor e que é preciso amar, é aquele da vida aqui embaixo, da terra e de suas surpresas inauditas. Sob seu autorretrato de 1911, numa atitude melancólica que é exatamente a imagem invertida em espelho, como um contraperfil, de uma foto de Nietzsche, ostenta-se a confissão-programa: *Et quid amabo nisi quod aenigma est?*

É muito simplesmente o enigma do amor, do qual o encontro de Nietzsche é ao mesmo tempo o revelador incomparável e o objeto, a prova, a provação em toda probidade (*Redlichkeit*), segundo uma forma de atestação silenciosa que passa pelos sinais (*Zeichen*) como visuais e não pelos discursos, que é passagem de sinais de vida silenciosa (*Stillleben*). Em alemão, a palavra remete ao que chamamos, precisamente, "naturezas mortas", que, entretanto, para o pintor, retêm a vitalidade, a vivacidade a mais viva da vida, não a vida eterna mas a eterna, vitalidade (*ewige Lebendigkeit*) da vida, aquela de quem sabe que *não permanecemos filósofos senão se nos calamos* (*nur dadurch Philosoph bleibt, dass man – schweigt*).[6]

E esta estranha e surpreendente paixão de amor não deve absolutamente ser pensada como uma simples loucura projetiva de Chirico, algum capricho, mas sim como um curto-circuito eletroartístico bem mais desorientador e despedaçador, dilacerante, qualquer coisa de decididamente monstruoso, pois se ele passa e fulgura entre dois polos de mesma intensidade, no *meio* deles; ele é como que partilhado, para além da distância, do tempo e da morte, entre dois seres de igual paixão, *élan*, loucura, pulsão,

---

[6] Prefácio de *Humano, demasiado humano*, 8.

aspiração (*Streben*), inspiração, impulso animal; ele surge como terceiro-incluso para fabricar, articular e compor o que poderíamos ver justamente como um "quadro vivo", impossível, fora da natureza, surreal, sobre-humano e, sem embargo, extraordinariamente, divinamente, ingenuamente, *monstruosamente* humano, mais humano que humano, mais vivente que o vivido, mais vivo que o vivente, para além da vida e da morte, bem e mal!

Temos pelo labirinto uma curiosidade particular, nos esforçamos por conhecer o Senhor Minotauro, sobre o qual contam-se coisas perigosas; que nos importa vosso caminho que conduz ao alto *e vossa corda que leva para* fora?[7]

É num labirinto que somos arrastados, não aquele que conduz a um minotauro devorador, nem aquele do qual saímos *por cima* ou mesmo *por fora*, mas o labirinto sem fim das idas e vindas, *nele mesmo*, dos encontros e *rendez-vous* de nossa condição de seres finitos expostos a seres finitos, de vivos que vivem a vida dos vivos.

E esse labirinto vivo talvez não esconda absolutamente um minotauro, o monstro do poder, do Um devorante, mas se perca com o monstro inencontrável do *Dois*:

Uma vez um. – Um sempre está errado: mas com dois começa a verdade. – Um não pode provar a si mesmo: mas dois já não se pode refutá-los.[8]

Como estranhar que se trate aqui de uma questão de amigos, de lugares de encontros, de ruas e de cidades, mas também de distâncias e de proximidades, de espera e de surpresa, de contatos e de jogo de mãos, de solidões e festas, de melancolia e alegria, de

---

[7] *Nachlass* Okt 1888 23(1-3).
[8] *Die fröhliche Wissenschaft (doravante F.W.)* § 260: "*Ein Mal eins.* — Einer hat immer Unrecht: aber mit Zweien beginnt die Wahrheit. — Einer kann sich nicht beweisen: aber Zweie kann man bereits nicht widerlegen".

silêncio e música, como de violência, de guerra e de harmonia e, efetivamente, de um monstro e, através dele, por mais surpreendente que pareça, obscuramente, profundamente, por uma formidável conflagração dos tempos, uma intempestividade fora de toda sabedoria do curso ordinário da história, que se trate de política para além de tudo que sabemos, fazemos ou queremos dela?

Nessa aventura que parece exigir tanto uma busca amorosa como uma investigação policial, que desordena e embaralha estranhamente as épocas, não redescobrimos que o enigma, na sua aparente profundidade mítica, tem qualquer coisa a ver com a coisa política do destino dos homens, com sua vida no labirinto da cidade (*polis*), como o indica Édipo, o claudicante, em seu passo de exilado, de criança abandonada que no entanto acaba por tornar-se um estranho sinal para os cidadãos, nos arrabaldes de Atenas?

É sob os raios divergentes de Apolo, o oblíquo, Apolo Loxias, que o pintor se entrega à sua arte visionária, ao passo que o músico e o poeta trágico estão sob a proteção de Dionísio.

Mas como separar verdadeiramente Apolo de Dionísio, se a sua diferença é uma desavença, um combate amoroso, o jogo mesmo da harmonia, o que está em jogo nessa luta de Ares, o deus da guerra, e de Afrodite, a deusa da beleza?

Apolo é o Hiperbóreo que esclarece – obliquamente – o sentido do labirinto, e Píndaro, como Nietzsche não cessa de recordá-lo, particularmente no prefácio do *Anticristo*, onde é dado o segredo desorientador do acesso à sua estância:

Olhemo-nos no rosto. Nós somos Hiperbóreos, – *sabemos muito bem, quão à parte vivemos.* "*Nem por mar, nem por terra, encontrarás o caminho para os Hiperbóreos*"*: isto Píndaro já sabia sobre nós. Além do norte, do gelo, da morte* – *nossa* vida*, nossa* felicidade*....*

Nós descobrimos a felicidade, nós conhecemos o caminho, nós encontramos a saída de milênios inteiros de labirinto.[9]

Estranha revelação do segredo se, no momento de traduzir Píndaro, Nietzsche escamoteia o essencial do grego, *o caminho maravilhoso* para *os torneios, as festas (Agôna) dos Hiperbóreos.*[10]

Evidentemente, não é por ignorância mas para preservar o enigma, que sua palavra permaneceu em silêncio.

Ora, é a este silêncio que o pintor quer ser amorosamente fiel, com pincéis que são como *patas de pombas*, entregando por inteiro, dando generosamente, mostrando e expondo a superfície, a epiderme toda nua, sem fundo, sem *Hinterwelt* (*arrière-monde*), de seus quadros.

(Dies nämlich ist das Schwerste: aus Liebe die offne Hand schliessen und als Schenkender die Scham bewahren[11]*)*

Isto precisamente é o mais difícil: por amor, fechar a mão aberta e conservar o pudor, ao ofertar.

Seguir o labirinto do enigma, multiplicado e difratado pela diversidade de vistas de seu percurso que o prestidigitador-mostrador lança como cartas de jogo, é seguir Ariadne ou Jasão assumindo riscos assaz incríveis, "monstruosos", decididamente loucos, que não podem senão romper o fio ou fazer ir a pique o navio, se para Chirico, como anunciamos, se trata de mobilizar toda a violência

---

[9] *Der Antichrist* §1: "– Sehen wir uns ins Gesicht. Wir sind Hyperboreer, - wir wissen gut genug, wie abseits wir leben. 'Weder zu Lande, noch zu Wasser wirst du den Weg zu den Hyperboreern finden': das hat schon Pindar von uns gewusst. Jenseits des Nordens, des Eises, des Todes - unser Leben, unser Glück … Wir haben das Glück entdeckt, wir wissen den Weg, wir fanden den Ausgang aus ganzen Jahrtausenden des Labyrinths".

[10] Pindare *Pythiques* X, vers 46,47: "…ναυσι δ'ουτε πεζος ιων (κεν) ευροις ες Υπερβορεων αγωνα θαυματαν οδον".

[11] *Also sprach Zarathoustra* (doravante *ASZ*) II, Das Kind mit dem Spiegel.

de um encontro amoroso extraordinário, de reunir-se a um amigo, justo no momento trágico último de sua vida lúcida, nas errâncias de alguns dias em Turim, fim extremo do ano 1888, primeira semana de 1889, daquilo que se diagnosticou como a deflagração, a declaração da loucura do viajante, do professor apátrida e "à disposição", que irão conduzir de trem à Basileia para interná-lo até sua morte, em agosto de 1900, o que Erich Podach, em 1930, denominará *o colapso de Nietzsche (Nietzsches Zusammenbruch)*.

Esta escolha surpreendente e muito problemática não tem nada a ver com alguma curiosidade mórbida ou, ainda, com um transbordamento irresistível de piedade, mas pressupõe decididamente uma proximidade muito precisa, voluntária e aguda com *o artista trágico, dionisíaco, que diz sim a tudo que é terrível e digno de interrogação..., sim à vida mesmo em seus mais estranhos e mais árduos problemas.*[12]

É por uma incomparável penetração do pensamento-vida de Nietzsche que o pintor italiano, nascido na Grécia, estudante em Munique, descobrindo a obra em alemão na primeira grande edição, descobre ao mesmo tempo essa divina coincidência, essa sorte, esse golpe miraculoso do *querido acaso (der liebe Zufall)* que faz do encontro a ocasião de um sentido, de uma verdade, de um feliz achado que faz viver, que restitui a vida.

Nascido em julho de 1888, o artista Chirico vem ao mundo no ano de escritura das últimas obras, *O crepúsculo dos ídolos, O Anticristo, O caso Wagner, Ecce Homo* e do derradeiro momento da "loucura" de Turim. Como Wieland Schmidt escreve em 1980, é assim que se pode nascer, como artista, da morte vivente. Como

---

[12] *Götzen-Dämmerung* (doravante *G-D*) Was ich den Alten verdanke: *Das Jasagen zum Leben selbst noch in seinen fremdesten und härtesten Problemen.*

não pensar aqui em uma versão singular, solitária, do Eterno Retorno, do *Renascimento da tragédia* da vida?

Amigos

Isto não é dizer que foi de Nietzsche que Chirico ouviu o chamado ao *Rendez-vous*, que foi por ele que se sentiu interpelado? Assim, devemos falar de *Rendez-vous* de Nietzsche com Chirico e não de Chirico com Nietzsche. É no protocolo de um convite louco do louco, particularmente de sua última carta à Jacob Burckhardt, de 6 de janeiro de 1889, dia da festa de Reis mas também, espantosamente, da festa dos loucos, que o pintor se sentiu convocado à amizade, compreendendo que essa remessa abandonada em suspenso na posta restante da história, incompreendida pelo Professor da Basileia, era-lhe destinada, estava destinada ao primeiro – mas também a todos que o repetirão "eternamente" – que ousasse compreender que os sinais silenciosos da loucura, as gesticulações aparentemente delirantes, as errâncias sem propósito pelas artérias de uma cidade, as cartas pretensamente aberrantes, os gestos surpreendentes e inconvenientes, como jogar-se ao pescoço de um cavalo batido em plena rua, chorando, deviam ser decifrados como sinais de vida, de cumplicidade de uma amizade virtual, de porvir completamente extraordinário, pois nela se concentrava e se diferenciava em "diagonal do louco", a transversal de todas as relações, de todos os encontros destinados a refazer o mundo, a abrir o espaço e o tempo, a fazer bulir, mudar os valores, as coisas e os seres, no momento em que a vertical que fixa o eixo dominador e avassalador do absoluto e do uno, de deus, se dissipou sobre a praça vazia onde os homens podem enfim se encontrar, se achar sem se confundir ou se superpor.

Praças

Como mostrar melhor, silenciosamente, que o espaço, o lugar eleito, a "Terra Prometida" na qual o viajante quer se perder, o cenário da cidade em cujo coração ele parece desaparecer e com a qual ele parece se identificar, com suas praças, seus pórticos, suas estátuas e sua torre, esse entrelaçamento e esse nó de linhas sem centro, decididamente em rede, inscreve e descreve o que surge deste princípio gerador do dois, do duelo, do encontro mesmo de um e do outro que refaz o mundo retirando-o do Deus criador?

Outrora, procurávamos um rei, um Pai, um juiz para tudo, pois nos faltavam verdadeiros reis, verdadeiros pais, verdadeiros juízes. Mais tarde, procuraremos o amigo – os homens terão se tornado seus próprios esplendores e círculos solares – mas sós.[13]

Procurar o amigo do homem substitui a busca de Deus.

A pintura deve mostrar esse encontro que faz e gera espaço, abre-o e areja, faz respirar e cria a distância entre os seres para os fazer dançar uns com os outros, fazendo dançar o espaço fora de seu círculo e o tempo fora de seus eixos.

O que é uma praça, uma ágora, cercada de pórticos, senão um centro de encontros onde se multiplicam os sinais de interrogação, de formas abertas[14]?

Como podem desdobrar-se as linhas de fuga ao mesmo tempo divergentes e cruzadas, atadas apenas pela destreza (*Fingerfertigkeit*) de uma mão louca (*törichte Hand*), aberta, oferecida mas retida, que é capaz de fazer face ao que acontece, de encontrar o acaso sem medo, de prodigalizar esta habilidade (*Geschicklichkeit*)

---

[13] *Nachlass* Herbst 1881 14(10)

[14] *F.W.* §280 Architektur der Erkennenden

digna do destino, de aproveitar a chance, o Kairós, a ocasião, no dia a dia, de homem a homem?

Charada de Quíron

O enigma se aprofunda e se complica verdadeiramente quando a multiplicação virtuosística das mãos nos quadros revela o segredo do monstro que terá tornado possível, neles, a arte de aproximar os incompatíveis e misturar as coisas, de transmutar e transfigurar sem ultrapassar ou fazer a invocação deplorável da transcendência, sem elevação hierárquica ou edificação religiosa, apenas pelo simples jogo da composição transversa, da passagem, (*Übergang*), do puro impuro encontro desordenado, desorganizado, em pé de igualdade, entre os valores, os seres e os elementos aparentemente incongruentes como a violência e a justiça. Assim surge do fundo da Antiguidade "decadente" e renascente, o mestre da pedagogia, da medicina e da justiça, o melhor dos centauros, o centauro mão: em grego *Cheir*, a mão, *Cheiron*: Quíron.

Assim surge o centauro, intempestivamente de retorno, ao fundo do labirinto da história, mas também o centauro de nome silenciosamente inscrito, escondido na assinatura do pintor, nesta mão que se perde e perde a cabeça em sua obra para melhor se dar loucamente a cada um e se distribuir discretamente a todos; estas assinaturas sobre cartas de jogo em vez de cartões postais, quadros assinados:

Quíron de volta, *Chirone ricordato*
Chirico

Este melhor, o mais justo dos centauros, segundo Homero, Chirico não terá sabido adivinhar que assinava como ele, numa charada leve e ingênua, alada, escrita para o amigo Zaratustra, em *Do espírito de gravidade?*

Como se duas crianças sem pátria, vindas do *País das crianças*, gravando um coração no tronco de uma árvore, misturassem seu sangue de tinta e de pintura, jurando um amor eterno, decididamente louco, para sempre de volta, para além da morte e do desespero da solidão mortal.

1
Rendez-vous dos amigos[15]

*Há palavras em mim que ainda rasgam
o coração a um deus, sou um rendez-vous de
experiências que apenas a 6000 pés acima de toda
atmosfera humana se pode fazer...*[16]

Sobre as vastas praças desertas, como que esvaziadas, limpas e alongadas ao infinito pelos raios muito oblíquos, em luz quase rasante, de um sol de fim de tarde de outono ou de fim de mundo, de cidade em cidade, de quadro a quadro, reaparecem dois pequenos personagens a contra luz: duas frágeis silhuetas, minúsculos insetos, estreitos e curtos fantasmas negros, paralelos, lado a lado: figuras gêmeas duplicadas em intermináveis sombras projetadas – setas sombrias que parecem designá-los misteriosamente à nossa atenção.

Para qual *Rendez-vous* enigmático esses estranhos passantes – tão insistentes em seu retorno de espectros ressurgentes quanto longínquos e inacessíveis, extraviados e perdidos nesses espaços *a perder de vista* – se acham convocados a se encontrar sobre essas

---

[15] Sabemos ser o título de um quadro de Max Ernst de 1922.
[16] *Nachlass* Sept 1888 19(1), 19(6) e 16(89).

esplanadas imensas e vacantes, que eles bem parecem ser os únicos a frequentar?[17]

A angústia da partida, 1914

Qualquer coisa parece aproximá-los, atraí-los irresistivelmente um para o outro a tal ponto que podemos nos perguntar se esses lugares, largamente abertos, não são o cenário expressamente

---

[17] *A lassidão do infinito, 19, Solidão, 21, A nostalgia do infinito, 23, 30, 35, A surpresa, 41, A angústia da partida, 45, A estação Montparnasse, 49, O enigma de um dia, 50, 51, A angústia do poeta, 53, Natureza morta Torino 1888, 62, O duo, 83, As duas irmãs, 86, O duplo sonho de primavera, 88, etc.* (Os números remetem à edição Baldacci.). O cartaz anunciando a exposição de 1914 na galeria Paul Guillaume, reúne admiravelmente, misteriosamente, "o enigma do cavalo", os pórticos, a torre e o encontro dos amigos. cf Paolo Baldacci n° 46, p. 190, 193 e p. 207.

querido *para* esse encontro, como a condição indispensável, o meio mesmo onde ele pode *ter lugar*.

Mas a insistência repetitiva desses *rendez-vous* não poderia sugerir uma inversão das coisas? Essa abertura do espaço, essa vastidão extática, longe de ser o simples lugar que favorece e torna possíveis esses encontros, não seria, mais singularmente, o efeito, a consequência deles?

Essas praças não existiriam por esses encontros e não para eles?

Como se a aproximação desses dois elementos microscópicos, desses dois átomos humanos, fosse a conjunção de dois eletrodos ou de dois polos imantados e tivesse provocado a abertura de um campo elétrico, de um campo magnético cujo espaço pictórico constituiria o registro sismográfico, inteiramente em cores.

Essa cumplicidade enigmática, à distância de um murmúrio, não fez se abrir paradoxalmente esse infinito espaço de encontro?

Pequena causa, grandes efeitos: esse acontecimento imperceptível, furtivo, essa contiguidade errática de duas pequenas formas negras, parece fonte discreta, obscura e cega, jogo de contato explosivo de onde flui, se propaga e se estende o brilho luxuriante e exuberante da pintura, de onde vem ao dia, surge, se expõe e se desenrola a *mise en scène* expansiva desses quadros, dessas vistas panorâmicas de cidades abertas, oferecidas amplamente à contemplação e à visita.

Esses dois pontos escuros, ao mesmo tempo muito próximos, à distância de confidências murmuradas e todavia afastados e não coincidentes, não têm a estranha função de jogar com o ponto de origem e o ponto de fuga para provocar um disparate trânsfuga originário, uma fonte sempre recomeçada, como que tremida, desdobrada, fissurada – *punctum* dilacerado e dilacerante – perturbação de uma divergência, de uma diferencial elementar, o raio clinâmen fosfórico, o *Augenblick*, o piscar de olhos e de tempo que ilumina a cena pictórica, obscurecendo-a no mistério?

Estas cenas vazias e todos os seus cenários expostos viriam da ocasião, da chance miraculosa desses encontros improváveis: elas seriam a projeção, a conversão silenciosa no espaço visual, a visão apolínea da pequena música dionisíaca inaudível desses conciliábulos inapreensíveis, invejosamente preservados por uma distância premeditada.

Nos pomos então a imaginar que se trata talvez dos reencontros inesperados de dois amigos que haviam se perdido de vista. Mas não é demasiado surpreendente e fabuloso, demasiado eufórico e espalhafatoso para explicar essa atmosfera estranha, melancólica, e misteriosa, que faz deslizar as luzes, as linhas e as perspectivas no esquivo do esboço, no alusivo, na sugestão crepuscular?

Não seriam antes dois amigos que se separam ao cair do dia? A menos que sejam dois desconhecidos que ali irrompem por acaso e trocam rapidamente algumas palavras antes de se afastarem. Com certeza, tão próximas uma da outra, essas duas sombras trocam palavras ou sinais ao menos. De tão longe, nada disso vem até nós. Esses conspiradores não se fizeram tão imperceptíveis para melhor escapar à nossa atenção?

Mal os vemos: como poderíamos esperar surpreender qualquer coisa de sua conversação? Estranha e provocante presença dupla, como uma duplicidade ao mesmo tempo misteriosamente ostentada e dissimulada numa paradoxal parada equívoca.

Todo o mistério suspenso do cenário parece ao mesmo tempo surgir e escapar silenciosamente no intervalo como que murmurado dessas duas sombras apenas esboçadas, como saídas, jogadas por um lance de sorte do copo de dados da fatalidade.

...

Com frequência reaparecem nas pinturas de Giorgio de Chirico quadros negros sobre seus cavaletes, oferecendo ao olhar fugas perspectivas e esboços de desenhos de arquitetos: como para nos colocar na escola, procurar maliciosamente nos iniciar, tentar nos orientar no labirinto do espetáculo pictórico dessas praças paradoxais que retêm, reservam, escamoteiam e fazem fugir seu sentido na sua abertura hiante.

O filósofo e o poeta, 1914

A menos que se trate de nos convidar a ver todo quadro pintado como um espaço de exposição e demonstração, para uma pedagogia fantástica; todo quadro é quadro negro: provocante e irônica *lição de espaço,* se esses traçados, longe de nos esclarecer, nos desorientam e tornam ainda mais misteriosas essas cenas ao mesmo tempo expostas sem profundidade, inteiramente à superfície e no entanto fugidias e desconcertantes, quando descobrimos que as linhas que parecem se submeter fielmente ao rigor geométrico da visão perspectiva e do ponto de fuga revelam-se excêntricas e desviantes; que o espaço, longe de concentrar, na sua unidade, a diversidade das direções, de reunir sobre um único ponto de fuga as linhas da paisagem, as multiplica para assim se deslocar, dobrar-se, complicar-se, entortar--se, perder-se e desencaminhar-se numa deformação topológica imprevisível, como sob o efeito de um tremor de superfície, de um tremor de terra: tremor de quadros desordenados e quebrados como "tábuas".

As linhas que estruturam e instalam o espaço tomam o jogo, põem-se a *jogar* e a burlar do espectador para fazer bulir e desdobrar, difratar o ponto de vista com o ponto de fuga.

Deveríamos ver estes desvios como o efeito mesmo desse encontro que aproxima duas sombras porém mantendo-as a distância, instaurando assim um princípio de deslocação, de alteração que perturba a acomodação, impede toda coincidência das imagens e embaralha a vista?

O que é um encontro? Como exprimir ou assinalar o *encontro do encontro?*

Maurice Blanchot sugere que o encontro designa uma relação nova pela qual a junção é disjunção: *no ponto de coincidência – que não é um ponto mas um intervalo – é a não coincidência que intervém (se afirma na intervinda).*[18] O que se afirma assim é a

---

[18] M. Blanchot. *L'Entretien infini* Le demain joueur, p. 609.

interrupção, a distância ao ponto de cruzamento: tal é a *surpresa* como *desarranjo, desordem, deslocação, desobramento*.

Talvez alguém queira aproximar de nós, expor, mostrar e explicitar o que nos escapa dessas confidências inaudíveis que trocam esses dois personagens perdidos ao longe, mas em pleno meio de praças vazias que abrem-se sobre eles como telas-cofres.

Nós mesmos, os próprios espectadores, não somos convocados a essas praças? Cada um de nós parece com efeito tocado por esses *rendez-vous* singulares e chamado a conhecer-lhes as condições ocultas, os secretos subentendidos ou, pelo menos, a presumir seus enigmas com a ajuda de mapas, de linhas perspectivas ou de plantas de urbanistas.

Uma impaciência acorda em nós, de tentar dirigir alguma lente de aumento para esses microscópicos personagens em conciliábulo, alguma teleobjetiva acrescida de um microfone para tentar surpreender alguma coisa de suas conversas, daquilo que os aproxima.

Algumas telas parecem complacentemente ir ao encontro desse desejo.

Um casal aparece de súbito, vindo do fundo do cenário em direção a nós, como para responder à nossa curiosidade; ele nos oferece então como que duas projeções topológicas sobre volumes antropomorfos de superfícies riscadas, marcadas, manchadas de linhas geométricas emaranhadas. Isso quereria sugerir que esses passantes, esquemáticos e pouco loquazes, não são senão croquis de espaços e direções, que são como indícios das linhas de fuga, índices visíveis de seus encontros: em suma, *rendez-vous*, em pessoa, de fugas e de perspectivas divergentes que se cruzam?

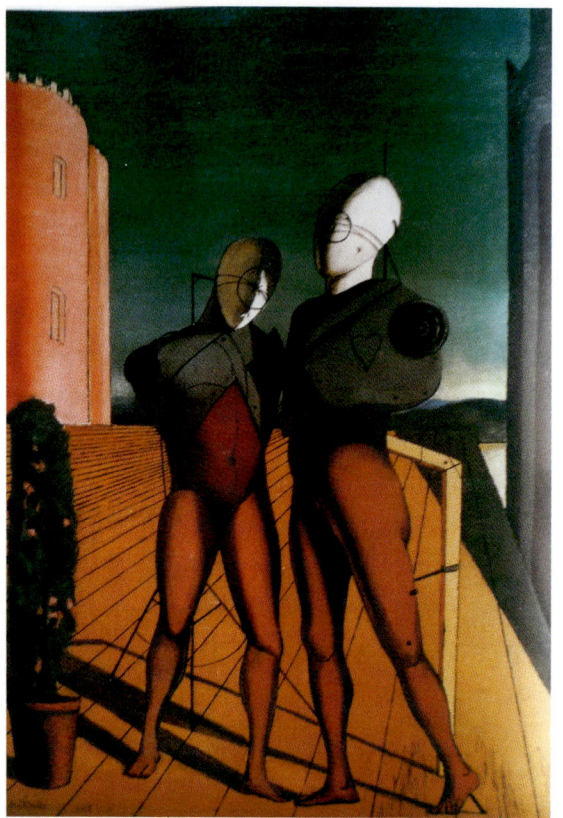

O duo, 1914-15

Uma outra cena, em outro quadro, dispõe lado a lado duas estranhas personagens, como para um *grande plano* explicativo, pedagógico, sublinhado: em frente a um quadro negro, precisamente, eis, estudiosamente instalados, dois improváveis alunos, estranhos espectadores-modelo que oferecem à nossa contemplação suas nucas de assíduos da primeira fila, numa curiosa sala de aula de janelas bem abertas sobre uma cidade de perspectivas desordenadas.

Um *poeta* encontra-se ao lado de um *filósofo*:[19] dois bustos de costas, dois rostos que nos escapam, se perdem e se ausentam, concentrando-se no fundo do quadro, sobre o quadro negro, azul noite, que brinca verdadeiramente de *fazer-lhes face*, parece, como se se tratasse de um espelho pronto a refletir sua imagem mas habitado somente por manchas douradas erráticas: estrelas sobre fundo de trevas, como a imagem de uma difração celeste, da multiplicidade *estrelada*, sublime, de centro perdido.

O busto mais afastado, em gesso, parece aquele de um sábio ou poeta grego; mais perto de nós, a parte superior de um torso sem braço, de cara partida e perfurada, uma face em claraboia, rasgada sobre o céu, como um velho manequim de vime que perdeu sua guarnição, repousa sobre um pedestal, deixando ostensivamente adivinhar o esboço de um estranho trem posterior, de uma garupa animal monstruosa. Por qual mistério o filósofo estaria reduzido a não ser mais que os despojos mutilados e deslocados de algum monstro mitológico e qual emulação estudiosa e amorosa aproxima esses dois bons e renovados alunos da Antiguidade, mas cuja sabedoria arcaica e amizade ontológica parecem efetivamente expostas a uma perturbação inquietante e desordenada?

Que escola tão pouco acadêmica é essa? Quem é o seu mestre, o professor, o animador? Onde está a mão misteriosa, furtiva e diabólica que organiza, dirige e *sustém* esta cena pedagógica estranha, essa demonstração no quadro negro da noite, decididamente perversa, pois estende suas fantasmagorias diante de monstruosos alunos manetas?

---

[19] *O filósofo e o poeta.*

Teria esse impossível *Duo* qualquer coisa em comum com esse casal modelo,[20] aparentemente amigável, senão amoroso, cuja descoberta um outro *grande plano* parece ter querido nos reservar e em que um dos personagens-manequins, de rosto apagado e sem braço, exibe a marca de um coração como um alvo provocante sobre o peito?

O quadro constelado no qual esses dois acólitos disparatados abismam suas faces e sua atenção não é a imagem mesma do que Nietzsche chama *amizade estelar?*[21]

A última carta enviada por Nietzsche de Turim – essa famosa carta datada de domingo, 6 de janeiro de 1889 – era um convite destinado ao grande professor Burckhardt, antigo colega dos anos de Basileia e amigo querido, um simples e surpreendente convite a vir beber uma taça de vinho branco num café, numa das praças de uma cidade que o velho filólogo, afastado da universidade, não cessara de celebrar em sua correspondência dos últimos meses de 1888, como uma inesperada "Terra prometida", ele que, entretanto, não tinha cessado de afirmar sua recusa de todo retorno ao país natal e fizera Zaratustra dizer que *nas portas de todas as cidades, estava de partida*.[22]

Como não ler essa mensagem como a *expedição* mesma de uma obra, o protocolo de seu endereço como um chamado ao encontro, a todo encontro singular de um homem com um homem, a cena elementar de toda promessa de porvir?

Essa marcação de *rendez-vous* última, esse apelo ao encontro que, no mesmo gesto misterioso, fecha e abre enigmaticamente

---

[20] *O duo*, 1915.
[21] *F.W.* § 279.
[22] *ASZ II*, Von Lande der Bildung.

um destino, se anuncia como a invocação da vinda de um *amigo*, condição mesma de um novo mundo, de um além como *surpresa da chegada imprevista*.

Outrora, procurávamos um rei, um Pai, um juiz para tudo, pois nos faltavam verdadeiros reis, verdadeiros pais, verdadeiros juízes. Mais tarde, procuraremos o amigo – os homens terão se tornado seus próprios esplendores e círculos solares – mas sós....[23]

Esse solitário dos solitários, o homem doravante não mais procura Deus, mas um companheiro. Isto será o impulso criador dos mitos do porvir. Ele procura o amigo do homem.[24]

Esse amigo surpreendente não é proposto e prometido por alguma Amizade cósmica, uma Philia que remete ao acordo harmonioso dos sábios entre si e em acordo com uma Natureza divina, uma Sabedoria originária. Não se trata, antes, do chamado insólito a uma amizade louca de acaso, mesmo se ela parece se apoiar sobre uma profunda e rara afinidade com um colega professor respeitado e amigo de longa data, Jacob Burckhardt, que ele conheceu na Basileia? Todavia, não é como professor que escreve o Nietzsche de 1889, ele o precisa, mas sim como um estudante miserável que frequenta mais a rua e os cafés que as universidades.

Se o amigo é verdadeiramente fortuito, ele não pode surgir senão como um estranho rival, um igual no jogo mesmo do encontro, e o chamado se apresenta como uma provocação paradoxal e estranhamente plena de calor e de violência ao mesmo tempo, uma interpelação, um desafio heroico e guerreiro que chama justamente e solicita em contrapartida a réplica de um desafio concorrente.

---

[23] *Nachlass* 14 (10) Herbst 1881.
[24] Idem, 12 (23).

O que é um artista para um outro artista com quem ele marca um *rendez-vous* além mesmo da vida, senão aquele a quem *atirar a luva* e enviar uma *canção de amor* que ao mesmo tempo seja um desafio à luta, ao combate, a um amigo apolíneo, um Hiperbóreo experimentado em *festas*, em *concursos*, em *competição* (*Wettkampf*, *Agon*, em grego), para travar uma luta amorosa, um jogo heroico de emulação aristocrática dos pares, fora de toda instituição ou verdade social, histórica ou política? *A mão da fatalidade* é uma manopla da armadura que lança o desafio heroico do bom combate, lançando os dados.

Chirico não quis responder ao desafio que o louco de Turim lançava loucamente ao porvir provocando todo *longe*, todo estrangeiro próximo por uma estranha familiaridade ou uma familiar estranheza (*Unheimlichkeit*), que dele quisesse mostrar-se digno; a todo leitor, visitante, hóspede artista, que aceitasse o combate amoroso?

O que nos oferece Chirico, talvez, é um dos mais espantosos exemplos de resposta a esse chamado louco, à beira do silêncio, mantido aparentemente sem eco, como se não tivesse jamais chegado a seu destinatário, deixado em suspenso, na posta restante da história, do pensamento e da arte.

Aquele que faz de seus livros *Rendez-vous*, não se define ele próprio como um *rendez-vous* em pessoa, o encontro de uma multitude de singularidades?

> *Quanto mais indivíduos alguém contém em si, mais chances terá de encontrar uma verdade – é nele então que se trava o combate.*[25]

O paradoxo dessa amizade oferecida e hiante, da parte daquele que assina teatralmente Dionísio mas que assim se identifica

---

[25] Idem, 11 (119).

para melhor se perder em todos os papéis e em *todos os nomes da história*, que se abre a todos os encontros do porvir, do *País dos filhos*, para melhor sair do *País dos pais*, é que ela recusa a complacência dos *próximos*, dos amigos ordinários, pela intempestividade dos *amigos distantes*, dos *inimigos amigos*, dos solitários capazes de rivalizar na emulação com aquele que é escolhido ao mesmo tempo como adversário e companheiro, na competição amorosa, artista, heroica:

> *Circula obsedante uma falsa noção de concórdia e paz, como o mais útil estado. Na verdade, é preciso por toda parte um vigoroso antagonismo, no casamento, na amizade, no estado, na confederação, na corporação, nas sociedades cultivadas, nas religiões, para que algo de autêntico, de justo, cresça.*[26]

Antagonismo não quer absolutamente dizer contradição dialética, política ou militar, guerra como vontade de destruição, de extermínio ou de submissão do inimigo, e sim combate que não busca de modo algum a vitória mas jogo e competição, que procura e exalta a força do adversário para fortalecer, à porfia, sem inveja, sua própria força, para elevar-se pela rivalidade, pela confrontação com o igual, pelo amor da alteração como crescimento, conforme o jogo de composição das forças, o princípio da boa Éris, o bom ciúme, da Éris irmã de Eros, segundo Hesíodo e Homero.

O antagonismo remete a esse *Agon* dos heróis gregos, dos guerreiros da Ilíada, que exprime o encontro, a festa, a justa rivalidade, a *divina emulação*, na arena mesma do combate, do debate e do jogo: coisa espantosa e notável, *Agon* designa tanto o encontro dos deuses como o espaço, a praça mesma de seus encontros.

---

[26] Idem, 11 (303).

O que é a ágora, senão esta transposição humana, cidadã, esse lugar, esse centro de *rendez-vous* no coração, no *Meio-dia* da vida e da cidade,[27] mas fora de toda cidade ou realidade política já existente ou instalada, numa cidade aberta, sem fronteira ou cerca?

Na praça de Turim, que espera o solitário que se joga na *rua escura do acaso*?

Os amigos fortuitos, *os convidados reais e divinos do meio do ano*, do Meio da vida,[28] em seu coração partido e aberto, como o sugere um *Ditirambo Dionisíaco*?

Sim, esses novos amigos, é o que espera, ao *meio-dia da vida*, o eremita transmutado em *fantasma*, em *Ecce Homo*, esse caçador selvagem que tem sua *morada tão perto das estrelas, tão perto dos mais sombrios abismos*[29] – e quer celebrar com eles *a festa das festas*.

Giorgio de Chirico não se pretendeu secretamente um desses raros amigos que não fala por palavras mas em sinais silenciosos, que mostra para dizer o que não saberíamos mais que murmurar num piscar de olhos?

Queria dizer-te uma coisa ao ouvido: sou o único homem que compreendeu Nietzsche. Todas as minhas obras mostram-no.[30]

A profundidade, como Nietzsche e eu mesmo a entendemos, não se pode encontrar onde até aqui a procuraram. Meus quadros são pequenos mas cada um é um enigma.

Um artista não podia encontrar um amigo, um outro artista, senão ao preço de um misterioso combate, bastante oculto e

---

[27] *F.W.* § 324.
[28] Idem.
[29] *Jenseits...* Aus hohen Bergen.
[30] Carta de 26 de janeiro de 1910 a Peter Gartz.

enigmático, ao crepúsculo do Ocidente, quando as sombras do sol da verdade divina declinante se alongam sobre uma praça, sobre praças abertas ao desconhecido que virá, ao porvir sempre outro.

E como podia se orientar esse artista para assegurar-se de encontrar aquele cuja amizade lhe parecia destinada, senão fiando-se em sua finura, no piscar de olhos, no relance de olhos, na mão, no tato, na destreza do artista?

> *Distanciar-se das coisas, até que não mais se veja muito delas e muito do olhar deva-lhes ser acrescentado, para vê-las ainda – ou olhar as coisas pelo viés de um ângulo e como se num recorte – ou colocá-las de tal modo que não permitam senão vislumbres perspectivos e dissimulem-se parcialmente – ou ainda observá-las através de um vidro colorido ou à luz dos poentes, ou dar-lhes uma superfície e epiderme que não tenha completa transparência: tudo isso devemos aprender dos artistas...*[31]

Assim era, por exemplo, tentar reencontrar o que se esconde no *ângulo morto* da loucura de Turim, desse declínio crepuscular, o que se pode entrever por um furtivo momento no fundo do cenário, o que se dissimula nas coisas silenciosas da paisagem urbana, atrás do personagem emocionante que concentra a atenção, porque nele a figura humana parece se perder, se abismar, "desvairar-se", confundindo-se com o que parece ser seu suporte, seu espaço de recepção.

Um artista, só um artista, teria essa distração sobre-humana, essa *"grande saúde"* que diríamos inumana, de descobrir uma sedução, um *mais de vida*, qualquer coisa que exprima a *estimulação da vida*, uma potência criadora, numa experiência tão terrível, *trágica* e destrutiva como a loucura, a perda do espírito e da

---

[31] *F.W.* § 299 Was man den Künstlern ablernen sol.

cabeça, aparentemente tão negativa que ela não deveria despertar mais que uma insondável e dolorosa piedade.

Só um artista terá a força desse *pessimismo dionisíaco* que o fará adivinhar, por afinidade, o sentido infinito da emulação paradoxal, de uma amizade artística, *apesar de tudo*, uma chance inesperada de contágio artístico num tal naufrágio, desdenhando os protestos bem pensantes e o falso respeito humano, demasiado humano.

Desafio mesmo da arte trágica que *afirma a vida, mesmo nos seus problemas mais estranhos e mais árduos*.[32]

Um pintor, por exemplo, que soubesse *dançar*, se não com a pena, ao menos com o pincel, não poderia procurar ver além da simples vista, *ver ainda*, ver mais, alargando a perspectiva, numa visão decididamente apolínea, mas também – e fazendo irradiar *o arco-íris* das cores – não teria ele essa ideia louca de interrogar as "coisas" mudas, esquecidas no silêncio da *natureza morta* (*Stilleben*) dessa estranha cidade eleita justamente por sua beleza pictural mas que aparentemente, pateticamente, terá sido o lugar de naufrágio intelectual e humano do Louco da filosofia?

Era preciso estar certo de ser eleito, de se beneficiar de uma chance excepcional, para ousar com tanta desenvoltura divina e, ao mesmo tempo, com tanta infinita atenção e incomparável tato, *prestar homenagem*[33] àquele de quem se queria pensar que oferecia sua última experiência vivida, sua "loucura" de Turim, como uma prova, um teste de amizade a seus "filhos" do país do porvir.

Surpreendente Giorgio de Chirico!

Surpresa viva, vivente, em pessoa, Chirico, cujo extraordinário papel de iniciador no nascimento, na eclosão em profundidade e

---

[32] *G-D* Was ich den Alten verdanke.
[33] *F.W.* § 100.

na revelação do surrealismo,[34] André Breton reconhecerá, o que lhe permitirá, na mesma ocasião, sugerir sutilmente o mais justo e o mais raro sentido desse título, desse sinal manifesto de cumplicidade que, apesar de tudo e contra tudo, não cessou de ocultar, de esconder seu jogo. Surpreendente gênio revelador, se ele nos oferece essa sobre-humana surpresa de reconhecer, em Nietzsche mesmo, o segredo dessa mesma enigmática revelação:

Quando Nietzsche fala da concepção de seu Zaratustra e diz: "Fui surpreendido por Zaratustra" (er überfiel mich...), no particípio surpreendido se encontra o enigma da revelação que vem bruscamente.[35]

Não deveríamos nos indagar se, para o pintor, Nietzsche não somente é o iniciador dessa surpresa e o cúmplice que sabe fazer partilhar um segredo raro, mas "a coisa mesma", a surpresa, nela mesma, em pessoa?

Não é o próprio Nietzsche que desempenha o papel de Zaratustra no seu encontro com Chirico?

Da, plötzlich, Freundin, wurde Eins zu Zwei –
– Und Zarathoustra ging an mir vorbei[36]

Aqui, subitamente, amiga, Um tornou-se Dois –
– E Zaratustra passou por mim

Não foi Nietzsche, "o louco" de Turim – aquele que incita a *surpreender* (*überraschen*) ou deixar,[37] que faz do *sobre-humano* (*Übermensch*) finalmente, talvez, aquilo a ser surpreendido, aquilo que sobrévem da surpresa – não foi ele que surpreendeu

---

[34] *Nadja*, p.14 Folio NRF.
[35] "Méditations d'un peintre in L'art métaphysique", XIV. Cf. *Ecce Homo*.
[36] *F.W. Lieder des Prinzen Vogelfrei - Sils-Maria*.
[37] *F.W.* § 381.

Chirico, que foi para o artista o iniciador do encontro fundador da sua arte como arte da *surpresa*?

E esta *surpresa* não é apenas aquela que nasce de um encontro humano mas, igualmente, de um encontro verbal ou da linguagem e das coisas: *o encontro acidental de duas palavras ou de uma palavra e de um espetáculo engendra uma nova ideia.*[38]

A surpresa busca sua fonte e sua inspiração na possibilidade impossível, na *chance* inesperada de ver um filósofo tornar-se o revelador de uma vocação, aquele que libera a visão pictórica da *câmera escura*[39] do artista, onde ele esconde sua inspiração e a expõe, entrega-a ao dia, ao espaço apolíneo do quadro.

A *arte metafísica*, tal como a entende Chirico, essa *arte nova* pela qual importa entrar num *mundo novo*[40] como Cristóvão Colombo ou como Jasão entre os Argonautas, não arrasta além do mundo aqui embaixo, mas quer revelar o desconhecido no *objeto, ele mesmo*, quando o sentido, o sentido humano, demasiado humano, retirou-se dele, quando essa ausência do homem faz redescobrir as coisas, elas mesmas, tais como o pintor as *faz ver*.

É em Boecklin, Claude Lorrain e Poussin que Chirico pensa já descobrir essa atenção estranha e paradoxal à *ausência humana no homem*. Mas a pintura não está encerrada na história técnica e exclusiva da arte: Os *bons novos artistas são filósofos que ultrapassaram a filosofia*. Os *novos filósofos* que o autor de *Além do bem e do mal* acredita *ver* despontar, não poderiam ser pintores? Não foi o próprio Nietzsche que chamou o pintor Chirico a encontrá-lo, tanto quanto Chirico veio a ele?

---

[38] *Nachlass* Anfang 1880 1 (51).
[39] *G-D* Streifzüge eines Unzeitgemässen § 8.
[40] *Nous les métaphysiciens* (1919), *Sur l'art métaphysique* (abril, maio 1919).

O silêncio vivo da *natureza morta*, conforme o alemão – *Stilleben* –, o silêncio luminoso que invade os últimos dias de Turim com sua doçura à Claude Lorrain e encanta com a sua euforia pictórica o viajante que reuniu-se à sua sombra em Turim, parece efetivamente acordar-se com esse destino para além do ruído da palavra vivida, como seu porvir mesmo, sua posteridade mais que humana e mais humana, segundo a lógica hiperbórea do *gênio do coração*, para além do tumulto louco do dionisíaco, mas como a versão, a transposição visionária e sonhadora deste último. Não que se passe do noturno infernal ao dia absoluto. Pois é o paradoxo da sombra em plena luz, o brilho do desvio luminoso na difração colorida dos raios do sol, sua festa de meio-dia, de um meio do dia que nada tem a ver com a ofuscação pontual e cegante do astro platônico, posto que este nada faz ver e tudo concentra na sua unidade originária. A abertura da visão apolínea do pintor é aquela para a qual a luz não se vê senão nos objetos que ilumina, aquela que é feita das aparências variadas e irredutíveis do meio excêntrico, extático, explosivo e batalhador da vida na sua multiplicidade irradiante.[41] O mundo hiperbóreo é aquele das festas, do *Agon* que se abre sobre a decomposição espectral das cores e as expõe em campo de batalha, fazendo-as rivalizar em arco-íris umas com as outras, sem que nenhuma jamais possa vencer e dominar.

O momento do maior silêncio é tanto aquele de meio-dia como aquele da meia-noite, é aquele da sombra em pleno meio-dia do *piscar de olhos*, do intempestivo, do *Augenblick*, desse intervalo ou desse batimento, desse escapamento que faz vibrar a frágil mas flagrante intensidade vital.

---

[41] *F.W.* § 324 In media vita.

O *gênio do coração* dionisíaco não aprende com Apolo a doçura silenciosa da apreensão das coisas?

Chirico não duvida: *Amigos de um novo saber, novos filósofos, podemos enfim sorrir com doçura às graças de nossa arte.*[42]

Desde o início de sua obra, o autor de *O Nascimento* não ilustrou a serenidade trágica apolínea, conquistada ao caos dionisíaco, com a *Transfiguração* de Rafael?

A ebriedade apolínea dá ao olho o poder de visão. A visão pictórica não é um ver passivo do real. A *câmera escura* do artista *transfigura* justamente aquilo que poderíamos pensar ver simplesmente.[43] Não é toda a força *contemplativa* oracular que é preciso reencontrar na força pictórica? Não é essa arte dos sinais silenciosos que se inscrevem ao acaso sobre a superfície aérea do céu, esse *templum*, esse espaço celeste recortado pelo divino, que alimenta a arte da interpretação dos encontros não apenas de formas e perspectivas mas de cores e nuances, como esses efeitos de meteoros que o pintor reinventa?

O herói trágico já fora entrevisto como *uma imagem luminosa projetada sobre uma parede escura*,[44] numa analogia com um choque ótico cegante, o que excluía toda sabedoria visual. A intempestividade histórica será igualmente ilustrada pelo exemplo da pintura de uma paisagem *sublime*, conforme a definição kantiana, uma paisagem tempestuosa, de perturbação e cataclismo,[45] artística e não historicamente verdadeira.

---

[42] Artigo publicado em 1919 em *Valori plastici.* Cf: *Jenseits...* § 2 e 42: "Para Stendhal, esse novo filósofo pode ser um banqueiro". Cf: § 39.

[43] *G-D Streifzüge* 7.

[44] *Die Geburt der Tragödie* § 9.

[45] *Unzeitgemässe Betrachtungen* (doravante *U.B.*) *II* 6.

Como não poderia suscitar uma leitura, uma interpretação, uma visão pictórica de sua obra, aquele que verá sua última morada, a cidade de Turim, como um Claude Lorrain?

Poussin e Claude Lorrain são, para ele, os iniciadores do *idílio heroico*.[46] É num porto de Claude Lorrain que o Dionísio de Turim nos pede para zarpar com ele, ganhar o alto mar para o novo mundo, onde o sol se põe para *novas auroras que jamais luziram.*

A mão que parte a história em duas parece verdadeiramente levada por um gesto de transgressão da escritura na direção da inscrição bruta sobre os muros (*Anticristo*). Não nos admiraremos da posteridade pictural, apolínea, do discípulo de Dionísio: Otto Dix, Munch, mas também Max Ernst, não pintaram Nietzsche, não pintaram na sombra de Nietzsche, não pintaram com Nietzsche?

Mas é Chirico que se mostra talvez o mais próximo *amigo*, que saberá ter *as mãos feitas para* as *verdades*[47] do autor de *Ecce homo* como se, excepcionalmente, ele se sentisse antecipadamente escolhido, provocado como amigo providencial, eleito do coração, como se pressentisse na sua vocação a exigência mesma, o chamado de um outro.

Chirico não é simplesmente um pintor inspirado pela leitura de um poeta filósofo, como dizem-no. Não se trata, para ele, de uma relação exterior, mesmo afetiva, com um texto ou um pensamento, mas sim de uma possessão-despossessão sem identificação que faz Nietzsche agir em Chirico e Chirico, reciprocamente, em Nietzsche, por mais inverossímil que isso pareça, tanto a

---

[46] *Nachlass 1879 1880 43 (3).* Cf: *Der Wanderer und sein Schatten* § 295.
[47] *Ecce Homo* Warum ich so gute Bücher schreibe; § 1 *"...Einige werden posthum geboren... es wäre ein vollkommer Widerspruch zu mir, wenn ich heute bereits Ohren und Hände für meine Wahrheiten erwartete".*

experiência nietzscheana de Chirico transfigura aquele com o qual ele se mede sem medida, se bate e se confronta, exaltando-o, tanto ela o fortalece e leva-o além dele mesmo, surpreendendo-o no élan mesmo do seu ultrapassamento de si (*Selbstüberwindung*) longe de si, fora de si.

Schopenhauer e, sobretudo, Nietzsche são invocados precisamente como os iniciadores de um sentido da vida como *puro não sentido*, como perda de memória do uso humano dos objetos, como *loucura* que abisma o homem nas coisas. (Cézanne não dizia, ele também: *O autor ausente, inteiro na paisagem?*)

> *...suprimir o homem como ponto de referência, como meio para exprimir um símbolo, uma sensação ou um pensamento: liberar-se de uma vez por todas daquilo que sempre entrava a escultura: o antropomorfismo. Ver tudo, mesmo o homem, como coisa. É o método nietzscheano. Aplicado em pintura, ele poderia dar resultados extraordinários. É o que trato de provar com meus quadros.*[48]

Chirico vê as paisagens de Boecklin ou de Poussin habitadas pela *ausência humana no homem*. A nova pintura metafísica italiana deve mostrar melhor ainda *a solidão dos sinais* e a *profundidade habitada*.[49]

Nietzsche designou muito explicitamente esse movimento necessário de ultrapassamento do humano em direção às coisas:

> *Atenuar nossas inclinações pessoais! Habituar nosso olhar à realidade das coisas! Desviar-nos provisoriamente tanto quanto possível de toda pessoa! ... NOS DEIXARMOS POSSUIR PELAS COISAS (não pelas pessoas) e isto por um conjunto bastante vasto de coisas verdadeiras!*

---

[48] *Méditations d'un peintre.*
[49] *Valeurs plastiques* I, IV e V 1919.

Resta a esperar o que a partir daí pode crescer: somos uma terra arável para as coisas. A partir daí devem crescer imagens da existência.[50]

Mas então isso não contradiz esta possessão-despossessão de um pintor por um filósofo?

Não, se compreendemos que a força do ultrapassamento de si não se abre sobre uma alienação que submete um homem a um homem, uma subjetividade a uma outra, mas aparece como qualquer coisa de trânsfuga, um transporte, uma mudança, uma transumância humana, sobre-humana, que passa entre seres singulares, uma intensidade que eles se passam um ao outro reciprocamente e que não segue o movimento orientado, final, de um progresso cronológico, mas abre o grande hiato expansivo, genial, inventivo de um efeito de sentido, de um achado, de um encontro, de uma chance vivificante.

Esse qualquer coisa surge *para todos e para ninguém* como aquilo que "excede" os seres vivos finitos sem superá-los, aquilo que reacende, segundo o aparte da arte e sua intensidade vivificante, as singularidades humanas, não para fundi-las ou confundi-las numa beleza ou numa verdade transcendente mas exaltando suas diferenças, suas igualdades concorrentes de vida, como se levando-as num ar, numa atmosfera, num vento regenerante.[51]

---

[50] *Nachlass* 1881 11 (21) Cf: :*Morgenröte* § 167.

[51] Como tão pouco se presumiu, Nietzsche, aqui como de resto em toda sua obra, não pode senão jogar com a língua alemã e se deixar levar pelo "vento" que sopra em silêncio no "Überwinden" do ultrapassamento, da transgressão, do "ventilar" da vida e do pensamento. Com demasiada frequência, o "ultrapassar" nietzscheano é reduzido obscuramente ao "Aufhebung" hegeliano. O vento, o mistral, por excelência, é para Nietzsche a imagem, a metáfora que transporta a língua como o espírito no seu movimento de diferença de si, de deslocamento e de abertura, de expansão, de aeração vital.

Deixar surgir as coisas é deixar passar o que liga e separa no mesmo raio, essa verdade verossímil do lugar comum paradoxalmente insólito, daquilo que escapa à objetividade para fazer irradiar os sinais de fogo (*Feuerzeichen*) desconhecidos que dão vida, abrindo o *meio*, o espaço de jogo diferencial das vidas que se fazem sinais de vida, tanto para se reconhecer como para se reanimar.

Compreendemos a insistência de Nietzsche em precisar que o impulso poético não deve imaginar mas *adivinhar, adivinhar qualquer coisa de desconhecido a partir de elementos reais... Esse processo já está na* visão. *É uma livre produção em todos os sentidos, a maior parte da percepção sensível é* adivinhar.[52]

Adivinhar é se fazer sensível aos sinais e, além dos signos escritos do estilo, aos sinais de vida pelos quais os homens podem se esquecer e se perder nas coisas. Toda pintura é "natureza morta" ou, mais ainda, "vida silenciosa" (*Stilleben*) que se transmite de homem a homem.

O pintor deve ser sensível à *solidão dos sinais*, quando o homem parece ter desaparecido da terra.[53] É então que a intensidade de passagem do testemunho, do fogo da vida é a maior, pois ela é inseparável do intervalo diferencial o mais forte, do desafio sem complacência das solidões umas pelas outras.

Giorgio de Chirico terá sido um dos primeiros, sem dúvida, a ser sensível ao chamado último do viajante de Turim, ao seu *correio*, a saber surpreender e adivinhar seu *rendez-vous* louco e a ele comparecer, a descobrir a maneira sobre-humana de responder a esses sinais misteriosos. Era preciso uma *mão*[54] apolínea, capaz

---

[52] *Nachlass* 1881 11(18).
[53] In *Valori plastici* I abril, maio 1919.
[54] Cf: *Ecce homo* Warum ich so klug 1.

de retomar esses sinais e revelá-los, de substituir os gestos dessa mão dionisíaca⁵⁵ que não cessou de se mostrar atrás, à frente das palavras, de inventar essa revelação de uma vida para além do humano, mas não além do humano, no silêncio das coisas.

Pois não eram somente ouvidos mas também mãos que o autor de Zaratustra queria dignas de sua *mão de louco* que não se contentava em escrever sabiamente livros mas procurava cobrir os muros de graffiti:⁵⁶ ...*Eu estaria totalmente em contradição comigo mesmo, se já esperasse encontrar hoje ouvidos e* mãos *para minhas verdades.*⁵⁷

Por que em contradição? Porque isso significaria que a abertura ao desconhecido seria sacrificada ao reconhecimento, ao passo que o movimento "louco" do pensamento e da vida rompe essa comunicação circular, excede essa familiaridade pública, quando o público é algo a se fazer, a se criar.

Essa *mão de louco*,⁵⁸ esse *coração de louco* (*Narrenherz und Narrenhand*) que se deixam surpreender aqui e ali nos brancos do texto e que são capazes de lançar o raio partindo a história ao meio e deslocando o mundo, designando a terra como lugar irredutível dos homens, essa mão de um *louco ao desespero* que sabe sujar as mesas e as paredes mas, também, passar a esponja e a vassoura, apagar o quadro com tanta destreza quanto cobri-lo, é dela que a mão onipresente mas estranhamente dissimulada do pintor, como inapreensível fantasma, não cessa de deixar, aqui e ali, os despojos, a luva e o véu, é ela que essa mão pictural

---

⁵⁵ Penúltimo aforismo de *Jenseits* ... Das Genie des Herzens.
⁵⁶ *Der Antichrist*, Última página.
⁵⁷ Warum ich so gute Bücher schreibe.
⁵⁸ Cf: *ASZ* Vom Geist der Schwere, *F.W.* § 277 e Narr in Verzweiflung.

escondida soube tomar, surpreender, retomar, compreender, substituir, repetir.

Essa mão de prestidigitador que parece escamotear o homem nas coisas não está, ela também, perdida nas coisas que faz surgir? O artista não é essa *mão louca*[59] que se transporta nas coisas, *se transfere às coisas*, diria Francis Ponge, para apreender esse acontecimento mesmo do encontro que é todo momento, todo instante de existência, de exposição ao mundo?

Essa mão do sinal silencioso era aquela que podia tornar sensível esse mundo assombrado por um homem desaparecido, perdido, e revelá-lo: *mão da fatalidade*, mão da revelação:

Uma revelação pode nascer bruscamente, quando nós menos a esperamos e pode também ser provocada pela visão de qualquer coisa como um edifício, uma rua, um jardim, uma praça pública, etc.[60]

Chirico parece distinguir duas ocasiões de revelação e não atribuir a Nietzsche senão a primeira, citando *Ecce Homo*, aquela que vem da passagem de um outro, como Zaratustra, ou aquela que vem de uma coisa. Mas a revelação não supõe que ele fique a adivinhar o outro perdido na coisa, na paisagem, numa rua, numa praça?

Não se trata de revelar essa furtiva presença que assombra esses Pórticos, essas praças, essa cidade multicor sob os raios declinantes de um Apolo de outono dionisíaco, quando as uvas estão maduras e a vindima certa?

E esse estar preso nas coisas não vem perturbar e penetrar a linguagem, ao ponto de provocar uma surpreendente e imperceptível contaminação decididamente "louca"?

---

[59] *F.W.* § 277 törichte Hand.
[60] *L'art métaphysique*, textos reunidos por G.Lista, texto II, p. 60, sem dúvida de 1911. (L'échoppe 1994.)

O nome de Turim – essa cidade providencial e entretanto totalmente imprevista, inesperada, de puro acaso –, em italiano, Torino, não é para aquele que fala alemão, como uma cidade porta, *Tor*, que abre e se abre sobre a loucura, *Torheit*?

Como Wieland Schmied começou a suspeitar,[61] toda a *pintura metafísica* de Chirico é um extraordinário *rendez-vous* com o louco de Turim.

Para o jovem artista que muito cedo falará e lerá correntemente o alemão e descobre Nietzsche com paixão, em Munique, entre 1906 e 1908, na grande edição recém-publicada, nascer em 1888 é um sinal de sorte que ele vai transfigurar num belo mito genealógico do gênio.

O pintor Chirico nasce como artista em 1888, de Nietzsche, na cidade de Nietzsche, na e da cidade de sua loucura, na loucura turinense de Nietzsche: é o que sua pintura não cessará de proclamar silenciosamente como um ato de nascimento apócrifo e, portanto, artista, filho de suas obras como aquele de quem ele reivindica uma estranha e impossível paternidade, se esse "pai" se disse sempre, ele mesmo, filho de seus filhos.

Passando em 1911 por Turim, a caminho de Paris, onde começará sua carreira, Giorgio, esse homem da terra como seu nome o indica, o filho espiritual e manual, o artista, o espírito livre da pintura, novo europeu vagabundo, desce em terra e busca sua fonte nas ruas, sob os pórticos, ao longo dos monumentos, sobre as vastas praças dessa "Terra Prometida", desse *país natal* (Heimat) para um *heimatlos*, um sem pátria, essa cidade, *segundo meu coração, o único lugar onde eu seja possível,* como o confessava

---

[61] Artigo de 1/2 de Novembro, 1980, do *Neue zürcher Zeitung* : *Turin als Metapher für Tod und Geburt*.

em suas cartas o autor de *Ecce Homo*. Espantosa "tomada" de terra que permanece de superfície, de epiderme, de dança do pincel sobre a tela, a pele, o parquete do quadro.

Se em janeiro de 1889, Dionísio desce aos infernos e entra na noite, Giorgio de Chirico será sua subida de volta ao dia, seu renascimento, sua ressurreição, sua transfiguração apolínea: o pintor é um desses novos filósofos ou um dos filhos que o último discípulo de Dionísio via chegar do país do porvir. É um profundo Mistério do destino vivido pessoalmente, singularmente, originária e originalmente, que a *pintura metafísica* terá a comunicar, a variar, multiplicar e repetir em inumeráveis visões, perpectivas, vistas, cenas, "dramas", quadros e tábuas novas da revelação.

Nascido na Grécia, em Vólos, na Tessália, na região do Monte Eta, da fogueira de Héracles, mas também do Ossa e do Pélion, assim como de Jasão, o pintor apolíneo vai encontrar em Turim seu segundo nascimento dionisíaco. Não que Turim constitua sua "verdadeira" pátria: as praças desertas, as ruas vazias abrem-se como hiantes perspectivas nas quais foge, se abisma e se perde todo desejo de pátria e toda cidade capital, pois é preciso perder a cabeça para nela habitar.

Em Turim, Chirico, o transeuropeu, o nômade, o viajante, o homem de todas as cores, de todas as auriflamas flutuando aos quatro ventos e de todas as culturas, descobre o coração excêntrico de seu destino: as sombras das arcadas, os meandros das ruas que se esquivam, as linhas deslocadas e telescopadas de uma perspectiva irradiada e divergente revelam o enigma flagrante de uma exposição, de uma explosão espacial e temporal, de um desvario cósmico, desorientação radical no *sopro do vazio*. *Há ainda um em cima e um embaixo?*

O *insensato*, o *tolle Mensch* que proclama a morte de Deus na praça da cidade, no aforismo 125 da *Gaia Ciência*, passa agora totalmente inaudível, no espaço silencioso do quadro, desaparece no cenário, se confunde com os pórticos para desenhar e deixar entrever os sinais oraculares de um porvir multicor, as premissas de novos jogos, da chance de novas festas.

Como não notar que, no primeiro quadro que coloca em cena a silhueta, de costas, de um oráculo, inspirado num quadro de Boecklin – *Ulisses e Calipso*, ele aparece "decapitado", como se tivesse perdido a cabeça, enquanto sua cabeça surge, só, ao fundo, atrás de uma cortina de prestidigitador, de mágico de rua (*O enigma do oráculo*)?

O insensato se faz praça, a altivez dominante e capital de sua cabeça tomba e se perde, se dispersa sob o efeito de qualquer coisa como *uma loucura, uma exuberância, "uma alegre ciência"* (*...als etwas Thorheit, Ausgelassenheit, "fröhliche Wissenschaft"*.[62]

Sobre as diagonais extáticas e excêntricas de um espaço, de um parquete, de uma ária, de uma cena, de uma mesa de jogo, de um quadro deslocado, onde jogamos nossa sorte, Dionísio, *o bufão do Rei*, da festa dos Reis, lançou *seus brinquedos multicoloridos*;[63] *a mão de ferro da necessidade* (*A angustiante viagem ou o enigma da fatalidade*) que *sacode o copo de dados do acaso*, nos arrasta aos infernos para jogar com Perséfone e "colocar em abismo" toda ideia de fins ou de vontade.[64]

---

[62] Prefácio da *Gaia Ciência*, I.
[63] *ASZ* III Von der grossen Sehnsucht. O mito de Dionísio Zagreus não deixa de falar desses brinquedos que servem aos Titãs para seduzir o pequeno Zagreus. Cf: Graves, oc, p. 100.
[64] *Morgenröte* § 130.

Tudo se passa como se um incompreensível tremor de terra, verdadeiramente inaudito e silencioso, pela força flagrante de difração e de dispersão inconveniente, de desarranjo dos lugares, de deslocação e de perturbação do horizonte, tivesse miraculosamente instalado o cenário móvel, instável, insituável e insustentável, absolutamente paradoxal na sua relatividade não localizável, do imprevisto extraordinário de todo encontro, dessa conjunção disjuntiva, dessa proximidade dos longes, dessa possibilidade impossível.

2
Praças

Nos encontramos com bastante frequência nessa praça onde tudo parece tão perto de ser e é tão pouco o que é! Foi ali que tivemos nossas reuniões invisíveis, mais que em qualquer outro lugar. Ali que era preciso nos procurar – a nós e à falta de coração. Era o tempo em que não tínhamos medo das promessas... homens como Chirico pareciam sentinelas na estrada a perder de vista dos Qui-vive.[65]
É o Convite à Espera essa cidade, toda como um forte, essa cidade iluminada de dentro em pleno dia.[66]

A vós, ébrios de enigmas, amigos do claro-escuro, cuja alma deixa-se atrair a todos os dédalos do abismo pelas flautas: – pois não quereis com a mão covarde tatear seguindo um fio; e onde podeis adivinhar, detestais ter que deduzi-lo.[67]

---

[65] O "Qui vive?" é o grito da sentinela que interpela o desconhecido que se aproxima. Para os surrealistas o "Qui vive?" que ressoa no final de *Nadja* de Breton é o símbolo da questão fundamental do artista em face do desconhecido do mundo, tanto estético quanto político, de resto: o questionamento como tal, que define o homem perante o universo, desde Kant pelo menos.

[66] André Breton. *Le Surréalisme et la peinture*.

[67] *ASZ* III, Vom Gesicht und Rätsel.

Apolo Loxias, o Oblíquo, o deus da adivinhação que fala por enigmas, tomou do pincel para fornecer os sinais que abrem o espaço, a praça onde sobrevém a surpresa do porvir.

Se não é preciso fio para se reencontrar no labirinto louco é que a loucura é louca por espaço, por vastidão, por liberdade aberta.

É esta surpreendente revelação que Giorgio de Chirico terá feito longo tempo antes de Georges Bataille.

O insensato é louco por espaço: prova-o sua denúncia final das igrejas como túmulos de Deus. Só a igreja em ruína se abre ao céu;[68] o ar da igreja é confinado.[69]

O eterno retorno e a intempestividade – esquecemo-lo por privilégio ainda metafísico da ordem do tempo –, se eles querem dizer emancipação do tempo da vingança e do espírito de vingança, não abrem essa imensidão de espaço, do *livre em si*[70] (*im "Freien an sich"*), lugar mesmo de uma repetição sem ordem orgânica, finalizada, sem essa ordem moralizada do tempo justiceiro, do castigo e da redenção, da progressão valorizada e orientada para seu fim, seu sentido e sua razão calculante, econômica, preocupada em prestar conta e em compensar, em ir ao fim da conta fazendo a soma, totalizando e integrando os instantes na assunção redentora?

Contra essa lógica da ordem que hierarquiza segundo o curso orientado do tempo justiceiro, construtor e edificante, a abertura do espaço é, com certeza, no relâmpago do instante que a descobre e expõe, nessa fulguração dilacerante, grande hiato e caos, dispersão flagrante e explosiva.

---

[68] *ASZ* III, Die sieben Siegel.
[69] *Jenseits* § 30.
[70] *F.W.* § 375.

O fulgor, o desvio, o declínio, o piscar, o clinâmen do instante (*Augenblick*) é, num relance do olhar, deslocação da unidade construída e econômica: o fulgor é lance de dados e repetição de lances de dados, pontuação repetitiva intensa de lances que por eles mesmos estendem a mesa, a tela, a abertura tabular das perspectivas que ela é, segundo essa extensão projeção extática. Esse caos desloca a terra e a faz *tremer* e *dançar*, multiplica suas faces, os lugares, os deuses. Enquanto um só deus ordena o mundo, lhe dá seu sentido e sua luz sem verdadeiramente dá-la, sem entregá-la, retendo-a e guardando-a avaramente, economizando-a e emprestando-a com usura, sem realmente distribuí-la, dando com juros e em seu próprio interesse, fazendo subir até ele todo o espaço das coisas e dos seres, levantando-o, concentrando-o e recolhendo-o em si. Dar o espaço a perder de vista e de sentido, dar ar, dar espaço, é fraturar o segredo, a avara retenção divina, a conta do tempo divino sobre o gasto sem reserva; é distribuir o divino, desdobrá-lo e multiplicá-lo em deuses múltiplos, engendrar deuses, engendrar o porvir aberto do divino e nele encontrar a infância.[71] Só um louco pode proclamar, declarar, exaltar e gritar essa louca despesa em todas as direções, em todos os sentidos.

A loucura não é não sentido, mas abertura infinita do sentido quando a ordem do sentido torna-se desordem que dá seu sentido, seus sentidos, sua forma, desordem que se forma dançando, deformando-se, reformando-se e transformando-se. A transmutação quebra a ordem ascensional da promoção, transpõe, dispõe, transfigura embaralhando a sequência moralizada das figuras, desfigura multiplicando as figuras. *A estrela dançante que engendra o caos* não é o sinal móvel e artista, o desenho no qual se concentra,

---

[71] *F.W.* § 143.

se estrelando, essa abertura hiante, louca, essa explosão em todos os sentidos – *Ausgelassenheit* – que, no entanto, *faz sinal, faz sentido*, configuração, constelação de sinais e de sentidos?

O êxtase espacial é dança, dança do espaço, espaço dançante: jogo do próximo e do distante, respiração, pulsação, riso e prantos, condensação e expansão, desvio de sentido e de movimento, diversão, complicação, jogo de dobras, jogo de ondas, ritmo, variações, nuances. Nesse tremor de terra marítimo que provoca efeito à superfície, que é emergência e expansão da terra como epiderme, a terra se une ao mar na sua deriva "incontinente". O mar começou por desaparecer sob a terra firme, na sua profundeza recalcada, depois ei-lo a voltar, ei-lo a voltar.

> ... *um desaparecimento da terra firme. Para um homem que meu modo de pensar fez pleno e inteiro, "tudo está no mar", o mar está por toda parte; mas o próprio mar perdeu em profundidade. Ora, eu estava a caminho de uma metáfora completamente outra e só me perdi! Eu queria dizer: nasci, como todo o mundo, animal terrestre – e agora, não obstante, devo ser animal marinho!*[72]

Todas as metáforas de aparelhagem como partida do novo mundo dos espíritos livres exprimem a aparelhagem da terra, ela mesma, e sua cumplicidade marinha: o segredo das ondas[73] é serem uma epiderme, uma superfície topológica de transformação que se dobra sobre si mesma e se revira, uma travessia transmutante que não se contenta em deslocar um móbil no espaço mas o próprio espaço, e afasta-o de si mesmo numa mobilização extática transtornada e transtornante.[74]

---

[72] *Nachlass* 1885 36 (2), cf: 38 (12).
[73] *F.W.* § 310, cf: 45, 256.
[74] Idem § 289, 124.

Eis, ao fundo das praças, navios e trens que passam. Nietzsche, louco, parte de trem de Turim, em direção à Basileia, acompanhado por seu amigo Overbeck e, a caminho, canta uma magnífica barcarola dançante sobre as águas de Veneza: *O gondoleiro*.[75]

É o fundo sem fundo, o infinito sempre aberto[76] de um colocar em relação jamais findo, completado ou totalizado, que declara esse êxtase louco, essa desorientação originária. Bataille[77] não deixa de delinear, de projetar esse jogo de espaço, esse espaçamento do sentido como o espaço da festa: a praça do louco é praça das festas, não das festas já instituídas mas das festas *a inventar*.[78]

> *Nos sonhos, voo, sei que isso é meu privilégio, neles não me lembro de uma situação em que eu não fosse capaz de voar. Executar com um fácil impulso toda sorte de curvas e ângulos, uma matemática volante – isso é uma felicidade tão particular, que em mim, com o tempo, embebeu a sensação fundamental da felicidade...*[79]

Estado dionisíaco é o nome dessa loucura sonhadora inseparável da metamorfose "histérica" e do histrionismo[80] que a serenidade apolínea transcreve sobre a visão do quadro.

---

[75] *Nietzsche contre Wagner* Intermezzo:
"Mein Seele, ein Saitenspiel,
Sang sich, unschtbar berührt,
Heimlich ein Gondellied dazu,
Zitternd vor bunten Seligkeit.
-Hörte Jemand ihr zu?"
("... Minha alma, um musicar de cordas, tocada por mãos invisíveis, cantou para si secretamente uma canção de gondoleiro, trêmula de inebriada alegria multicor. Alguém a teria escutado?")

[76] Idem § 124, 375.

[77] Georges Bataille *O.C.* tome I, p. 301: L'Obélisque.

[78] *Nachlass* 1881, 11(170).

[79] Idem 15 (60). Cf: *Jenseits* § 193.

[80] *G-D* Streifzüge 10.

Se aparente e mitologicamente Apolo e Dionísio são distintos como o olho e a orelha; se o pintor, o escultor, o poeta épico, o sonho e a visão se distinguem da música, do mimetismo, do jogo de papéis, acreditamos poder separar o jogo das metamorfoses e a dança, do jogo do espaço e dessa dança do olhar que induz o ritmo?

Pode-se viver um ritmo sem nele investir o olhar e a cena colorida sobre a qual e na qual ele age?

Se os pintores modernos traem sua arte imitando os antigos ou querendo *exprimir* por excesso de saber e de reflexão,[81] se *os velhos mestres não liam e não sonhavam mais que se oferecer uma festa para os olhos*, a "reconciliação" ou, antes, a tensão artística de uma competição trágica entre Dionísio e Apolo não pode encontrar na pintura, por exemplo, uma transposição poderosa?

A fascinação de Nietzsche por Turim, em 1888, se manifesta tanto pela exaltação musical que lhe provocam as apresentações do Teatro Carignano como pela festa visual do espetáculo da cidade, cujo fulgor outonal não cessa de colocar diante de seus olhos as paisagens de Claude Lorrain.

A loucura de Turim é tanto dionisíaca como apolínea. As cores e as formas jogam com os sons para celebrar a festa de uma ópera inédita que transmuta e transgride todos os gêneros porque transgride, antes de tudo, os limites de uma obra de arte, porque é operação vital, arte viva, vivida diretamente num engajamento da existência que força o artifício teatral sem no entanto esquecer o jogo artístico do "poeta de sua vida" que escolhe, esfuma os detalhes, muda o ângulo de visão, prepara perspectivas, reflexos, iluminações que transfiguram, como em Rafael, sem contudo abandonar a terra.

---

[81] *Nachlass* 1887 7(7).

Não poderia a "loucura" de Turim decifrar-se, "também", como uma transfiguração crística invertida, virada do avesso?

Dionísio contra o Crucificado: depois da morte de Deus, seus fragmentos erráticos vêm se organizar em quadros vivos, em "delírios de contemplação":

> ...o homem superior torna-se sempre mais feliz e mais infeliz, ao mesmo tempo. Mas nisso, um delírio é seu permanente acompanhante: ele acredita estar colocado, como espectador e ouvinte, ante o grande espetáculo sonoro e visual que é a vida; ele denomina sua natureza contemplativa e nisso não vê que ele mesmo é igualmente o verdadeiro poeta e redobrado poeta da vida, que ele, com efeito, distingue-se muito do ator desse drama, o assim chamado homem de ação mas, mais ainda, de um mero observador e convidado à festa, diante do palco. A ele, como o poeta, decerto a vis contemplativa, o olhar retrospectivo sobre sua obra, lhe são próprios mas, ao mesmo tempo e antes de tudo, a vis criativa, que falta ao homem de ação, não obstante o que digam as aparências e a crença corrente.[82]

Depois de *Ecce Homo*, eis o delírio criador que mostra o porvir como uma festa contemplativa viva, a abertura de um porto sobre o largo do alto-mar:

> ...cheguei na tarde do dia 21 a Turim, meu comprovado lugar, minha residência doravante... Em 30 de setembro, grande vitória; sétimo dia; ócio de um deus ao longo do Pó... Jamais tinha vivido um tal outono, nem jamais considerado possível algo semelhante sobre a terra – um Claude Lorrain pensado ao infinito, cada dia da mesma indomável perfeição.[83]

Espantosamente, Chirico vê nessa fascinação outonal um dos momentos da loucura de Nietzsche:

---

[82] *F.W.* § 301.
[83] *Ecce Homo*, Götzen-Dämmerung 3.

> *Foi Turim que me inspirou toda a série de quadros que pintei de 1912 a 1915. A bem da verdade, confessarei que devem muito igualmente a Friedrich Nietzsche de quem eu era então um leitor apaixonado. Seu* Ecce Homo, *escrito em Turim pouco antes que ele sossobrasse na loucura, me ajudou muito a compreender a beleza tão particular dessa cidade... O outono que me revelou Turim e que Turim me revelou... é a estação dos filósofos, dos poetas e dos artistas inclinados a filosofar. À tarde, as sombras são longas, por toda parte reina uma doce imobilidade..... No que me toca, acreditaria que essa harmonia, tão delicada que torna-se quase insustentável, não foi estranha à loucura de Nietzsche...*[84]

É justamente no desobramento além da obra, no repouso do sétimo dia, o dia de Apolo, o dia de *Hebdomeros*, que será o herói de Chirico, que o deus desce novamente sobre a terra numa visão, um delírio criador contemplativo, ao mesmo tempo sonhado e dado a ver. Não seria preciso supor que a agitação, o histrionismo dionisíaco se transfigura na serenidade de um espetáculo apolíneo, de uma série de quadros vivos que, mais que o leitor, é o "amigo" que transcreve, é "a criança", "o mendigo", "o louco", aquele que terá aprendido a *sentir a arte de outro modo*?[85] Não como um momento excepcional e raro, mas como uma experiência inventiva de encontro, um *rendez-vous*, uma festividade numa praça, além da obra, diante dela e adiante dela, nos seus confins silenciosos, nas suas margens vazias, ali onde se expõe aquele que não é mais que seu transcritor trânsfuga, sua testemunha exemplar e fugitiva, nessa zona verdadeiramente profana para a qual dá e em que desemboca e

---

[84] *Quelques Perspectives sur mon art* 1935, apud, *De Chirico* – Catálogo da exposição. Centre Beaubourg, Paris, 1982, p. 282.
[85] *Morgenröte* § 531.

transborda esse templo abandonado da escritura: espectro, *Ecce Homo*, como precipitando-se para fora dele mesmo, verdadeiro e fabuloso ao mesmo tempo, *insensato*, louco extralúcido, lançado fora de si, sem no entanto perder-se nas festas, nos encontros, nos concursos (*Agones, Wettkampf*)[86] que ele chama, para os quais acena na sua busca louca, templo apolíneo e dionisíaco, "em pessoa", *Pythie*, oráculo que apresenta e representa "a questão" nela mesma,[87] sinal de interrogação vivo, em marcha, errando perdido numa cidade?...

O que o "louco" dá a ver, a contemplar, não é esse *templum* que ele recorta no espaço como uma cena aberta ao porvir, à vinda de todo encontro, de todo *rendez-vous*? Não é esse *templum* que ele chama e provoca, que ele evoca ao mesmo tempo como o que vem dele mas vai além dele e além de todo querer, de toda subjetividade que pretendesse possuir ou ganhar?

Nessa abertura louca ao que vem, é o ser mesmo que se expõe e se abandona ao que ele afirma, àquilo a que ele diz sim: o que se abre a ele no instante em que avança à frente de si, se arrisca e arrisca sua existência. O porvir é devir: ele vem para aquele que se expõe a se desfazer de si, deixando vir o que vem. O devir é o que passa entre o adivinho e o que vem. Adivinhar é se expor, se dar ao devir.

> *Ele deve ser um templo da glória, deve andar por aí mostrando-se num traje completamente coberto de pinturas de experiências e acontecimentos maravilhosos.*[88]

---

[86] *Le service divin des grecs*, p. 91 sq. Nietzsche traduz assim o termo grego; Cf: o precoce *Homer's Wettkampf*, texto decisivo de 29 de dezembro, 1872.
[87] Idem, p. 153.
[88] *Nachlass* Anfang 1882 17(19).

Desde a última página de *O nascimento da tragédia*, Nietzsche não cessou de nos conduzir para a ágora aberta no meio dos Pórticos, para nos fazer sair dos edifícios teatrais da Arte que se quer total e absoluta, a arte edificante e religiosa, a serviço da verdade metafísica especulativa.

Deixar Bayreuth é precipitar-se loucamente para a praça do insensato que proclama a morte de Deus.

Surpreendente praça que abre no meio da *Gaia Ciência* um espaço livre desenhado por umas três dezenas de pontos, de sinais de interrogação. Estes, em alemão, *Fragezeichen*, não se confundem com os filósofos do porvir, esses *Freizeichenmenschen* como o precisa *Além do bem e do mal?* Nietzsche não cessa de desenhá-los, esses sinais abertos como portas, como pórticos.

Chirico, este não deixa de citar Otto Weininger:

> *O arco de círculo como ornamento pode ser belo: ele não significa o total acabamento que não mais dá flanco à crítica, como a serpente de Midgard que se enrola em torno do mundo. No arco, há ainda qualquer coisa de incompleto, que tem necessidade e é capaz de realização: ele deixa pressentir. Por esta razão, o anel é sempre símbolo de qualquer coisa de amoral ou imoral.*

E é Chirico que acrescenta: *Este pensamento esclarece para mim a impressão eminentemente metafísica que sempre me produziram os pórticos e, regra geral, as aberturas em arcadas.*[89]

A gaia ciência revela o princípio de uma *arquitetura dos conhecedores*[90] que é precisamente aquela das praças com arcadas: *lugares de amplidão que se estende, silenciosos e vastos, para a reflexão, lugares com altas e longas galerias para o mau tempo ou o sol*

---

[89] *Valori plastici*, abril, maio 1919.
[90] *F.W.* Aforismo 280.

demasiado... Esses lugares abertos entre a sombra e a luz, o dentro e o fora, devem substituir os espaços fechados das igrejas, túmulos de Deus. Só essas vastidões são aptas a nos permitir *passearmos em nós mesmos*, sairmos da interioridade do pensamento, em nossos pensamentos mesmos.

Os pórticos não são como arco-íris que desenham o jogo dançante das interrogações e dos debates agonísticos de uma verdade exposta sobre a ágora?

Como aqui divinamente rompem-se abóbadas e arcos em luta: como, com luz e sombra, opõem-se uns aos outros, os aspirantes ao divino.[91]

Mistério e melancolia de uma rua: no meio dos pórticos em tela que acabam de instalar nessa rua de teatro fora do teatro, nesse teatro de rua que atua de dentro e de fora e onde com frequência jogam os móveis no meio da calçada, nesta cena que muda, eis o furgão vazio, de onde acabam de tirar os cenários instalados ainda há pouco. A porta aberta do veículo se confunde com o interior abobadado, o címbrio de um arco do pórtico, que ela parece querer levar consigo, a menos que ele não seja mais que uma extensão sua.

As duas portas abertas desse furgão desenham com a linha perspectiva interior de seu piso um "N" maiúsculo: o segunda ramo desse "N", dessa abertura hiante, louca e nômade, se prolonga diretamente na abóbada do pórtico em grande "f" curvo. O furgão leva o pórtico e a rua inteira na sua partida.

O carro de mudança, do transporte, do arrebatamento da loucura (*verrückt, verrücken*) está à espera, pronto para novamente

---
[91] *ASZ* II, Von den Taranteln.

partir alhures: todo um pequeno teatro ambulante deixa adivinhar sua instância de partida, sua fugacidade *alegórica*.

Mistério e melancolia de uma rua: é a própria rua, ali e alhures, na sua impossibilidade de estar ali, no rastro evanescente de seu traçado, na mobilidade que ela "é" sem ser, no seu devir, sua presença feita ausente, que se mostra e se esconde nesse furgão à espera. É ela que se muda no que a atravessa: *"O cão magro corre na rua, esse cão magro é a rua", grita Virginia Woolf. É preciso sentir assim. As relações espaço-temporais não são predicados da coisa mas dimensões de multiplicidades...*[92] Dionísio é *o deus que vem*, o deus das *ruas e das passagens*, acrescenta ainda Deleuze.

Nas sombras melancólicas que se alongam e traem o fim do dia, ao pôr do sol ocidental, a forma espectral da sombra projetada de uma estátua ou de um homem se estende e foge, se esquiva no canto da rua, sobre a calçada.

Mas eis que se levanta a aurora inesperada de uma menina que brinca com o arco: ela também é uma sombra mas a sombra projetada de uma criança real que falta, uma criança ausente ou, antes, ainda na infância apenas esboçada da infância: como a promessa em negativo do que deve acontecer, passar: o acontecimento previsto e iminente da passagem mesma? A sombra do sobre-humano? ... *uma Sombra veio a mim, o mais silencioso e o mais leve de todas as coisas, um dia, veio a mim.*

A beleza do Sobre-humano veio a mim como Sombra...[93]

Esse arco não é o círculo infantil, divinamente jogador do eterno retorno nas trevas falsamente instaladas do teatro do mundo e da história?

---

[92] Deleuze e Guattari. *Mille plateaux*, p. 321; e Deleuze. *Littérature et critique*.
[93] *ASZ* II, Auf den glückseligen Inseln.

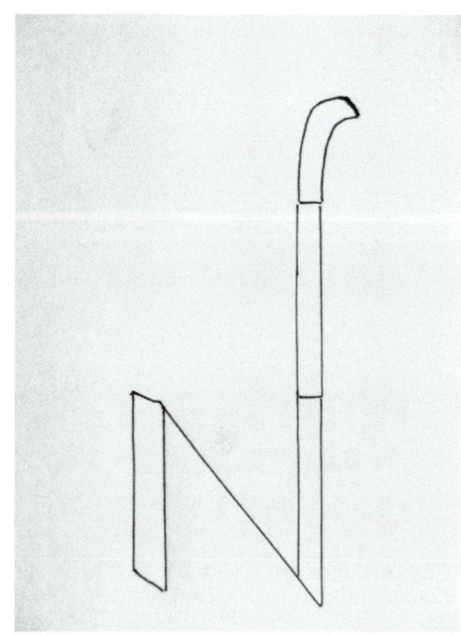

Mistério e melancolia de uma rua, 1914

3
Mãos loucas

> *De fato, aqui e ali alguém toca conosco – o querido*
> *acaso: ele conduz ocasionalmente a nossa mão e a mais*
> *sábia providência não poderia conceber mais bela música*
> *do que a que, então, consegue esta nossa mão insensata.*[94]

Se, em Chirico, outros quadros se abrem tão frequentemente em abismo, sobre quadros negros (*O vidente, O filósofo e o poeta, O astrônomo*), é que a pintura é essa arte de re-apresentar, de procurar e tentar, de ensaiar, experimentar e variar os ataques, as brechas e as viagens sem cessar de desmanchar o real presente, de rasurá-lo, desfazê-lo e refazê-lo artisticamente, de sugerir sua aparição desaparecente, o jogo louco da mão louca contra todas as sabedorias da verdade instalada, da aceitação do mundo como ele é ou está:

> Ah! O que escrevi sobre a mesa e o muro
> Com coração de louco e mão de louco,
> Deveria isso ornar-me a mesa e o muro?...
> Mas vós dizeis: "mãos de louco lambuzam –

---

[94] *F.W.* § 277.

> *E deve-se purificar a mesa e o muro*
> *Até que o último traço desapareça!*
> *Permiti! Coloco minha mão à disposição —,*
> *Aprendi a manejar vassoura e esponja*
> *Como crítico e lavador.*
> *Mas quando estiver terminado o trabalho,*
> *Os veria com prazer, vós supersábios,*
> *Com sabedoria, a mesa e o muro borr...*[95]

> *Isso, o pretendente da verdade?*
> *Não! Apenas louco! Apenas poeta!*
> *Apenas falante de discursos multicores*
> *Berrando multicolorido, de dentro de suas máscaras de louco,*
> *Vagueando a subir mentirosas pontes de palavras*
> *Sobre arco-íris multicores,*
> *Entre falsos céus*
> *E falsas terras*
> *Errando, flutuando a esmo*
> *Só louco! Só poeta!*[96]

O quadro do louco mostra o segredo, exibe o jogo do experimentador, do ensaiador e tentador, do trovador inventor: o oráculo, o poeta e o pensador assistem à ocorrência dos encontros aleatórios de sinais que o *templum* da tela recorta no céu estrelado de suas visões.

Mas eles não criaram o que creem contemplar?

Observem esse *Vidente* sobre-humano, em casaca verde de bufão – o verde não é a cor do louco?[97] – esse artista estranhamente

---

[95] *F.W.* Lieder des Prinzen Vogelfrei, Narr in Verzweiflung.
[96] *ASZ* IV, Das Lied der Schwermut 3.
[97] Cf: *Le Carnaval*, de Claude Gaignebet Payot. O tonel do qual fala Nietzsche no aforismo 40 de *Jenseits...* é verde também.

sem braço, quando parece interrogar as linhas que efetivamente parece ter traçado ele mesmo sobre o quadro à sua frente: esse estranho *"Rafael sem mãos"*,⁹⁸ ele não deu, não abandonou e entregou loucamente suas mãos à sua obra? Elas não foram projetadas e transportadas nessas linhas por um paradoxal jogo de prestidigitação e escamoteamento provocador, no qual o artista se esquiva ele mesmo e desaparece com armas e bagagens, pena e pincéis e mãos, na sua obra?

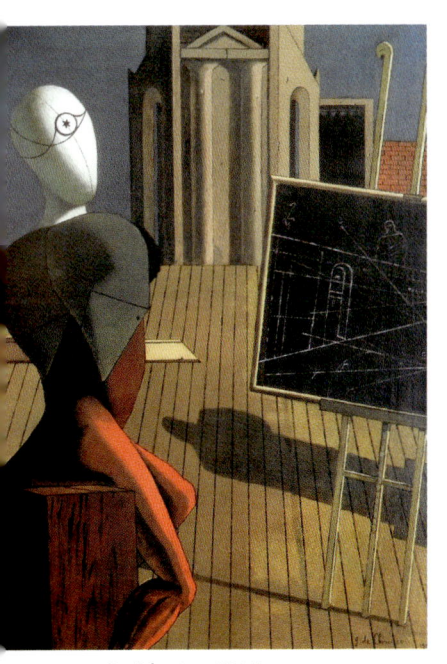

O vidente, 1914

Manequim sem rosto, mutante, transmutante sobre-humano entre uma infinidade de rostos passados e uma infinidade

---
⁹⁸ *Jenseits* § 274, Das Problem der Wartenden.

de papéis a vir, sem mão para se manter e todavia manipulador, o louco de braços presos na camisa de força, tem na fronte a estrela que *dança sobre seu caos*: oráculo louco, vidente perdido em seus sonhos e suas visões que o levam, precipitado, além e à frente dele mesmo.

Suas mãos loucas passaram para a obra desobrante do pintor, para essas linhas, esses signos através dos quais ele assina e faz sinal; invisíveis, os dedos mostram um bosquejo, uma planta de arquiteto, linhas de fuga, uma perspectiva esboçada de pórticos, dos quais apenas uma arcada é visível.

Eis a arcada mesma na qual se perdia a porta do furgão de mudança, em *Mistério e melancolia de uma rua*, contudo invertida em sua curva: uma arcada como que cortada em duas por um traço, uma linha dupla que, dessa vez, se acrescenta à abóboda e a prolonga horizontalmente. Acima dos traços perspectivos, o esboço de um personagem de costas, a cabeça pendida, pensativa. Não são as mesmas costas que se mostraram, então sem cabeça, a cabeça perdida, em *O enigma do oráculo*?

Letras parecem cotar, codificar a planta. À direita, sobre a fuga de um traçado, se lê *Torino*; ao centro do quadro negro, um "F" maiúsculo intriga e somos levados a pensar que talvez a arcada, cujo interior de abóboda é bem marcado, forma com a estranha barra que a prolonga um grande "F", justamente, mas invertido, como uma imagem num espelho: letra na qual o louco parece abismar-se e ver-se à perda de vista, perda de mãos e de sabedoria: letra, cifra de um pré-nome, de um nome a vir, de um nome livre (frei), a tomar para si, a surpreender: Friedrich – signo livre que assim inverso desenha um arquitetural, *enorme* mas errático sinal de interrogação (*Fragezeichen*) como aquele que desenha o autor de *Além do bem e do mal* no epílogo de seu livro e que se multiplica na sua obra até tornar-se ser humano: *Fragezeichenmenschen*, como Stendhal ou os filósofos por vir.

Um "N", acima da barra do "F" monumental e da mesma dimensão que o primeiro "F" maiúsculo que cota o desenho, parece com efeito orientar a leitura e subscritar o sentido desse não sentido, desse contrasenso provocador e desorientador.

O discípulo pintor, esse filósofo apolíneo, não pôde senão sonhar e seus sonhos testemunham essa fabulosa paternidade recriada, fictícia e artística, que a morte precoce do verdadeiro pai, alguns meses antes da descoberta de Nietzsche em Munique, justificou de certa maneira. Renascendo nas praças loucas de Turim, em 1888, Giorgio de Chirico reencontra um estranho pai: não a autoridade de um modelo, mas aquela de um rival, de um heroí, de um artista com o qual ele é digno de lutar:[99]

Em vão luto com o homem de olhos estrábicos e muito doces. Cada vez que o estreito, ele se solta, afastando docemente os braços e esses braços têm uma força extraordinária, um poder incalculável... É meu pai que me aparece assim, em sonho. No entanto, quando olho para ele, não é exatamente como eu o via, quando era vivo...

O rio Pó aparece, em seguida sobrevêm buscas angustiantes ao longo de ruas obscuras... *quando o sonho torna-se novamente mais nítido. Me encontro numa praça de uma grande beleza metafísica... talvez uma dessas belas praças de Turim... de um lado, veem-se pórticos... o sol declina pois as sombras das casas e dos raríssimos passantes são muito longas sobre a praça....*

O sonhador encontra-se de súbito num grupo de curiosos aglomerados perto de uma confeitaria... *a turba se precipita e olha*

---

[99] *Un Rêve*. In: *La Révolution surréaliste*, 1924.

para dentro, como às portas das farmácias quando para ali levam o passante ferido ou que tombou doente na rua...

Não seria um filósofo alemão que se jogou chorando ao pescoço de um cavalo caído sob os golpes de seu dono? Mas é o pai, coisa estranha, é o pai que come um bolo e parece ameaçado a tal ponto que o sonhador tenta defendê-lo de um punhal... Ou de um pincel, talvez!

A imensa força de fascinação que Chirico pode exercer, seu poder de sedução não veem da densidade, da intensidade e da profundidade dessa ligação secreta, desse nó do destino, escolhido, vivido e querido como um revezamento vivo, uma troca de sinal de vida exemplar, pelo exemplo e para o exemplo?

Se Chirico é esse iniciador excepcional da *Surpresa*, é porque ele teve, soube e quis genialmente essa chance incomparável de ser surpreendido por Nietzsche, pelo louco Nietzsche. A loucura de Nietzsche assombra imperceptivelmente as ruas de *Nadja*,[100] essa homenagem à mão surpreendente e *fatal* de Chirico.

Na "natureza morta", a "vida silenciosa" de 1914 – *Stilleben Torino 1888*, Wieland Schmied soube decifrar como que a celebração desse ato de nascimento mitológico.[101]

Estranhas seções de cilindros multicores – brinquedos? pedaços de doces? – decoram o centro de uma mesa – mesa de jogo dos acasos divinos onde lançamos os dados? – plano, parquete, solo movente e perturbado, cena de superfície que oscila, no meio de um cenário de fachadas vazias, com aberturas hiantes e perspectivas subvertidas sob o efeito de algum sismo: a menos que se

---

[100] Cf: Éditions Folio, p. 63, 64 e 166. Breton escolhe e apresenta a carta de 6 de Janeiro, 1889, na sua *Anthologie de l'humour noir*.

[101] Artigo citado do *Neue Zürcher Zeitung* de 1º, 2 de novembro, 1980: *Turin als Metapher von Tod und Geburt*.

trate de uma desordem de elementos de construção inacabada e em espera.

Sobre as insólitas fatias de bolos de aniversário dessa festa misteriosa, alguns sinais comemorativos: a data – cuja revelação, como por uma retenção ciumenta do destino, uma má leitura (1828) retardou – faz voltar, graças à perspicácia do crítico suíço, o ano fatídico de 1888, acima de uma pequena cabeça de cavalo. O nome da cidade italiana – Torino – completa, com uma precisão insistente, quase provocante, decerto paradoxal, as coordenadas de tempo e lugar e o mais patético episódio do acontecimento desorientante, absolutamente desordenado, dessa última-primeira semana de presença no mundo da luz e da razão do discípulo de Dionísio e de Apolo em competição.

O mau gênio de um rei, 1914

Sobre a fatia oblíqua de uma outra porção de estranho bolo, deixando ver a cripta de sua interioridade, Wieland Schmied aponta uma versão reduzida da cena de encontro dos amigos, das sombras, no espaço vazio da praça.

Esses estranhos objetos jogados como dados, que reencontramos igualmente em *O mau gênio de um rei* (1914, 1915) – e assinados por um F. N. muito legível! – não são os *brinquedos multicores*[102] do "rei" Dionísio Zagreus, seduzido e dilacerado pelos Titãs? Um "X" aparece com frequência perto de uma flauta dionisíaca.

Talvez trate-se então desses petiscos, esses *oásis minúsculos como tâmaras adocicadas*,[103] bocas de lobo, bocas de leão, como palavras recheadas, *circunsfingeadas*, nas quais caímos quando não sabemos saboreá-las, versões visuais e gustativas da palavra valise, do rébus, da palavra coisa, do enigma concreto lançado em desafio pela mão do destino que acena para além das palavras e dos livros.

Wieland Schmied nos convida a ver no objeto oblongo, visível sob essa surpreendente inscrição comemorativa, um ovo, símbolo de nascimento e de devir, mas petrificado, imagem portanto igualmente de morte. A vida tem *rendez-vous* com a morte, como o dia com a noite, a razão com a loucura: mas também o ano novo com o velho, o discípulo com o mestre, o filho, a criança com o pai, o pintor com o filósofo do eterno retorno, do eterno *rendez-vous*, o *rendez-vous* mesmo, o *rendez-vous* do rendez-vous.

Esse estranho *Rendez-vous* não terá sido sempre um convite deixado sem resposta e que não podia senão permanecer sem resposta, como um grito no vazio, um apelo desesperado de náufrago no oceano da demência, um sinal de apuro no deserto de uma solidão

---

[102] *ASZ* III, Von der grossen Sehnsucht.
[103] *ASZ* III, Unter Töchtern der Wüste.

definitiva incurável, que nenhum sinal em troca teria podido satisfazer? Um grito silencioso como um sinal solitário de *vida silenciosa* que não se pode senão inscrever sobre e escrever na pintura.

Para sempre, eternamente, ficará em suspenso, como fica em suspenso esse último chamado, esse extremo *rendez-vous* marcado, essa estupefaciente última carta datada de 6 de janeiro de 1889, ao *muito querido professor Jakob Burckhardt na Basileia*, o mais respeitado dos professores, essa carta aparentemente de adeus no início do delírio, de ruptura com o mundo sensato e que, no entanto, permanece, *apesar de tudo – ...nada de decisivo se constrói senão sobre um apesar de tudo*[104] –, contra tudo, além de tudo, de tudo o que sabemos, de tudo o que podemos supor, pensar e julgar, uma admirável e irresistível carta de convite definitivamente infinito, oferecida exemplarmente a todo leitor, a todo amigo futuro.

Como tentar pensar o Eterno Retorno como outra coisa que não esse eterno *rendez-vous* com a loucura, como esse eterno encontro fulgurante, no instante, do sentido e do não sentido?

Como ousar abordar o conjunto de um tal pensamento, de uma "obra", sem começar pelo fim, sem considerar que esse embaralhamento final, essa confusão, esse nó inextricável, esse labirinto sem centro e sem saída da loucura, que impede para sempre distinguir entre a demência patética e a pirueta de palhaço, que finalmente interdita, torna derrisório e reflete como sintoma de medo, de fraqueza e de denegação, todo diagnóstico, toda vontade de explicação e de esclarecimento, toda atitude de arrogância, de maestria e de decisão, é a passagem obrigatória, o *acesso* incontornável, inevitável, da compreensão da experiência de

---

[104] *Ecce Homo*, Warum ich so gute Bücher schreibe, *ASZ*.

uma vida e de um pensamento que jamais distinguiu e separou vida e pensamento?

A loucura não seria o preâmbulo, a prova, o obstáculo preparatório a toda "leitura" de Nietzsche que quisesse ir além de toda leitura, que quisesse simplesmente, com probidade, se mostrar fiel a este sinal fulgurante destruído? *Questão de inteligibilidade:*

> *Não queremos apenas ser compreendidos quando escrevemos mas, do mesmo modo, certamente, também não ser compreendidos. Não é sequer, em absoluto, uma objeção contra um livro se alguém qualquer achá-lo incompreensível: talvez isto fizesse mesmo parte da intenção do escritor, – ele não queria ser compreendido por "alguém qualquer"... Todas as mais finas leis de um estilo têm aí sua origem: elas simultaneamente afastam, criam distância, proibem "a entrada", a compreensão, como dito...*[105]

O paradoxo e a sutileza dessa defesa do *acesso* é que não é a profundidade e o aprofundamento que essa tomada de distância requer, quando se tenta apreendê-la mas, antes, a rapidez, a vivacidade:

> *Uma coisa permanece realmente incompreendida e desconhecida apenas pelo fato de não ser tocada, vista, relanceada, senão em voo? É preciso absolutamente ficar primeiro sentado sobre ela? Tê-la chocado como a um ovo? Diu noctuque incubando, como dizia Newton de si mesmo? Ao menos, há verdades de uma particular timidez e susceptibilidade que não se pode agarrar senão subitamente, – que se deve surpreender ou deixar... (die man überraschen oder lassen muss)*[106]

A loucura é talvez esse efeito de estilo além do estilo que põe à prova os amigos e os expõe à responsabilidade por uma probidade provocante. Se os arcontes de Platão, os cães sábios de

---

[105] *F.W.* § 381.
[106] Idem.

A república sabiam, à porta da escola da academia, distinguir entre o amigo ou o inimigo, humoristicamente, subvertendo, perturbando e confundindo os valores, não seria o Cérbero "louco", o que na soleira dos Infernos do "*inensinável*", como diz a carta de 6 de janeiro de 1889, provoca os verdadeiros amigos, assaz desarmados, expostos e vulneráveis para tornarem-se capazes de *surpreender* a verdade, quer dizer, de encontrar lá fora, na rua, numa praça, em pé de igualdade, indistintamente, um amigo-inimigo, um desconhecido, o primeiro passante vindo, mesmo se honorável professor, o *verdadeiro* que passa sem protocolo ou precaução, loucamente, como bebemos uma taça de vinho branco num café?

Não é para esse banho frio, essa ducha fria, essa aproximação abrupta sem preparação nem privilégios que "prepara" esse golpe de esponja que apaga o quadro do sábio, perturba sua ordem e suas hierarquias aristocráticas, seu sentido da distância, aparentemente retomado às mais exigentes sabedorias gregas? Mas não seria para alguma confusão na massa informe, na gregariedade indiferenciada: *Onde alguém domina, ali há massas: onde existem massas, há uma necessidade de escravidão.*[107]

É a solidão do louco que chama a solidão louca: na praça italiana vazia onde *piazza* joga com *plaza*, uma sombra encontra uma sombra, *rendez-vous* de longe, sem se tocar, a boa distância: louca dança de sombras.

Na "vida silenciosa" *Torino 1888*, é num desses brinquedos de Dionísio, numa dessas fatias de bolo multicor de festa – festa dos Reis ou festa do 6 de janeiro!? –, desses petiscos guarnecidos, oferecidos à gulodice dos iniciados, como Wieland Schmied, que se

---

[107] *F.W.* § 149.

escondem, como favas, uma minúscula praça italiana e o *rendez-vous* de dois amigos na luz declinante da tarde outonal.[108]

À taça de vinho branco da Valtellina, que Friedrich Nietzsche propunha a seu amigo da Basileia, o pintor italiano, que sabe que *a melhor cozinha é a do Piemonte*,[109] que a *Gaia Ciência* é questão de gosto, acrescentou as cores do arco-íris dos alimentos divinos.

Esse discípulo iniciado na era do *policromático*,[110] se fez um *Cérebro de criança*, sabendo que a cortina não pode se abrir sobre a filosofia nova senão descobrindo livros *brancos*, amarelos como as traduções francesas das obras de Nietzsche que Chirico conheceu,[111] paradoxalmente fechados e ao mesmo tempo muito abertos às palavras, aos títulos e ao sentido apagados, pois é preciso reinventar-lhes o valor de sinais, interpretá-los para conseguir lê-los, abrir-lhes livremente o sentido, os sentidos multiplicados. Livros, obras desobradas, de páginas virgens como um deserto, mas um caos fértil, um quadro vazio oracular, como um céu à espera de constelações novas,[112] a areia de uma praia de onde zarpamos, o despontar do dia ou... a camisa de força de um louco, de um homem desnudado de sua humanidade, de uma simples

---

[108] *Au Rendez-vous des amis*: esse letreiro de *bistrot* é um quadro de Max Ernst, de 1922, que pinta o encontro dos iniciados da Surpresa, ao qual, evidentemente, não falta Chirico, como pequena coluna grega canelada, atrás de André Breton. Devemos a Maurice Blanchot a mais exata análise do encontro surrealista como encontro do encontro (*L'Entretien infini*: Le demain joueur). Encontro que, afinal, teve como um dos seus grandes iniciadores não reconhecido o louco de Turim. O próprio Max Ernst não afirmava que todo o surrealismo estava na *Gaia Ciência*?

[109] *Ecce Homo*, Warum ich so klug bin.

[110] *Jenseits* § 215.

[111] Cf: Podach, retomado por Paolo Baldacci.

[112] *Le Philosophe et le poète*, 1914.

forma, de um manequim pronto para todos os trajes e todas as cores novas da vida sobre-humana, da vida de surpresa, do *"mais de vida"* irradiante da arte de viver.

Não se trata aí, certamente, de quadros de um desses *poetas que quiseram ser pintores... todos são arqueólogos, psicólogos, encenadores de alguma lembrança ou teoria... comprazem-se com nossa erudição, com nossa filosofia ... cheios, demasiado cheios de ideias gerais. Eles não amam uma forma pelo que ela é, mas pelo que ela* exprime.[113]

Não se trata de ilustrar uma tese, um diagnóstico, uma ideia, nem tampouco uma fatia de vida: se as linhas, as formas, as figurações e as cores têm algum ar de cumplicidade com toda uma obra, se elas estão em afinidade harmônica, melódica e rítmica com a dança de um pensamento, é que elas são como suas extensões perspectivas: trajetórias desses lances de dado, dessas pontuações consteladas de sinais.

A mão do pintor acordou sua vibração com a dança dessa fulguração deslocante sísmica. O artista não imita nenhum modelo mas participa, por identificação e contágio, de devires, de processos de transformação, de transmutação: *... não se comunicam jamais pensamentos, comunicam-se movimentos, sinais mímicos que são reinterpretados por nós como pensamentos.*[114]

O gesto do pintor é projeção na extensão, exposição ao fora, descrição espacial da inscrição temporal, dobrada sobre si, de uma obra cuja densidade retida como a *dinamite*, prepara *a explosão*,[115] a dispersão, o desaparecimento irradiante em difração de sinais coloridos: pois essa explosão tem de paradoxal e difícil a compreender,

---

[113] *Nachlass*, 1887 7 (7).
[114] *Nachlass*, 1888 14 (117-119).
[115] Cf: *Ecce Homo*, Warum ich ein Schicksal bin 1.

o fato de que não saberia, absolutamente, ser barulhenta: ela não pode ser senão sussurrada, como sugere Zaratustra:[116]

As palavras mais silenciosas são aquelas que trazem a tempestade. Os pensamentos que vêm com patas de pombo conduzem o mundo.

Talvez não soubéssemos ouvi-las mas somente segui-las com os olhos. A música de Dionísio é sem dúvida inaudível como o canto do gondoleiro. Ela pede ajuda a Apolo para projetar o sonho oracular selado em enigma. Ele designa de longe os caminhos desconhecidos que não foram ainda abertos. Não podemos ver e saber de antemão ou conceber a intempestividade mesma do tempo como porvir, mas somente vivê-lo e experimentá-lo na sua irrupção.

A mão silenciosa de Chirico sentiu que a ponta de um pincel era tão leve como as patas da pomba, que ela podia esboçar e desenhar os sinais que o barulho das palavras e dos homens não podiam dizer e comunicar, a não ser tornando-os comuns.

A *profundidade habitada* das pinturas metafísicas, essas "vidas silenciosas" de pórticos, de praças vazias, de ruas de perspectivas desorientadoras e misteriosas, visitadas por estátuas que se assemelham a homens adormecidos, assombradas por sombras que parecem se alongar para melhor fugir na luz do declínio do dia, essa arquitetura desarrumada, deslocada, hiante, aberta anarquicamente sobre o infinito, como se impedida de se construir, de se edificar e terminar-se, de se completar fechando-se sobre si por uma perturbação sísmica, essa obra em demolição ativa, cuja melancólica atmosfera de fim de mundo e de declínio parece paradoxal e muito estranhamente acompanhada de uma irresistível potência de Espera, é toda uma obra filosófica muito

---

[116] *ASZ*, Von grossen Ereignissen e Die stillste Stunde.

profundamente meditada, ruminada, interrogada, *interpretada sem guarda-louco*,[117] aberta sem a menor reticência sobre aquilo de que geralmente nos afastamos com receio, de que nos separamos, como queremos separar a obra do vazio do qual desesperadamente ela tentará se desviar, em vão.

André Breton soube exprimir a estranheza sedutora e vertiginosa dessas praças:

Nos encontramos com bastante frequência nessa praça onde tudo parece tão perto de ser e é tão pouco o que é! Foi ali que tivemos nossas reuniões invisíveis, mais que em qualquer outro lugar. Ali que era preciso nos procurar – a nós e à falta de coração. Era o tempo em que não tínhamos medo das promessas. Bem se vê como já falo disso com à vontade. Homens como Chirico pareciam sentinelas na estrada a perder de vista dos Qui-vive... Que imensa loucura, a desse homem, perdido agora entre os assediadores da cidade que ele construiu e que ele fez inexpugnável! A ele, como a tantos outros, ela oporá eternamente seu rigor terrível, pois ele a quis tal como o que se passa não poderia não se passar. Esta cidade, iluminada de dentro em pleno dia, é o Convite à Espera.[118]

O paradoxo misterioso que Breton sabe revelar em Chirico, não é aquele que o pintor surpreendeu no louco de Turim? Turim, o nome dessa cidade murada, dessa *praça forte*, na qual o desvairado desaparece e se fecha sobre o segredo, o enigma e o labirinto de sua obra, para melhor fazer sinal para o porvir e

---

[117] Em francês, "garde fou" (guarda-louco) quer dizer parapeito, fórmula que aqui se aplica admiravelmente à abordagem, sem medo ou preconceito, da loucura de Nietzsche.

[118] André Breton. *Le Surréalisme et la peinture*, p.13. Cf: *Jenseits* § 274, Das Problem des Wartenden.

abri-lo à posteridade, *para além* de toda vulgaridade ordinária de comunicação e de partilha do sentido.

Quem, melhor que as "vidas silenciosas" de Chirico, terá podido substituir esse apelo impossível, inaudível, esse sinal de vida de homem póstumo, encerrado na caverna de sua solidão de morte viva?

Como para fazer silenciosamente a mimíca de um prelúdio, a tela do pintor se faz desconcertante entreabertura de uma cortina de cena, grande abertura de um cenário para uma ópera musical do pensamento, com Apolo desenhando, num arco-íris de visões, a vinda iminente de Dionísio, *o deus que vem*, que sobe dos Infernos em direção a nós.

A pintura nos convida a ver na sua *loucura*, nessa exposição perspectiva liberada e extática, essa *mise-en-scène* estilhaçada e estilhaçante, esse colocar em quadros que usa da repetição e da variação, da deriva entrecortada, disruptiva e interruptiva, a projeção difratada dessa "agoraforia" de Turim pela qual *a virtude que dá*, se dá a ver e dá a ver, sublimemente, além da vista, *a perder de vista*,[119] o que ela *dá a pensar* sem que possamos dizê-lo ainda e mal possamos cantá-lo.

Apolo mostra, num feixe selado com raios, nos sete selos de seus sete raios, o *amanhã jogador* de Dionísio. A colocação em quadros, em visões, é como uma premissa desse despedaçamento divino, desse *diasparagmos* do deus, da multiplicação das aparições e das revelações; é anúncio dessa distribuição nova dos fragmentos frágeis de uma multiplicação do divino sem reserva, a perder de origem; anúncio de um dom, de um abandono do divino na dispersão, na dissipação dos deuses. O arco-íris das

---

[119] Cf. Kant, *kritik der Urteilskraft*.

cores pictóricas, das perspectivas pintadas, é sinal vivo do politeísmo infinito do porvir.

A festa para os olhos[120] da pintura, que reencontra a arte dos *velhos mestres que não liam*, não pode evidentemente se restringir a um quadro, mesmo que ele fosse admiravelmente e explicitamente comemorativo como esse *Torino 1888*.

Uma festa é precipitação de festas, multiplicidade explosiva e expansiva de festas, de encontros dançantes de sinais, de cores, de espaços. Se o *Rafael sem mãos* é *a regra no reino do gênio*, raras são *as quinhentas mãos* que é preciso para domar *a ocasião, o instante favorável*:[121] numa palavra, a surpresa que segura e aproveita a chance precisa dessa disponibilidade de *espera* capaz de se abrir ao que acontece de imprevisível e no entanto impossível.

O indicador insistente de uma enorme mão espectral, de uma luva virada ostensivamente para a terra, amiga da terra, mas também de uma manopla de armadura que se transforma em esfolado[122] é o indício, o rastro desse monstro-mostrador mais formidável que os hecatônquiros pois o poder da prestidigitação e da manipulação, *a astúcia prodigiosa*[123] do mostrador de sombras luminosas, dessa *escritura da sombra*[124] que é a pintura, como o diziam os gregos (*skiagraphia*), é de encontrar numa só mão o recurso de uma infinidade. É preciso verdadeiramente poder *perseguir o sol na sombra*,[125]

---

[120] *Nachlass*, 1886-1887 7 (7).

[121] *Jenseits* § 274.

[122] *Natureza morta, Turim primaveril, O destino do poeta, O arco das escadas negras, O canto de amor:* Paolo Baldacci. Op. cit., p.234-5, 255, 262.

[123] *Nous les Métaphysiciens*, op. cit., p.124.

[124] O relato do nascimento da pintura narrado por Plínio, o velho, a história de Dibutades.

[125] *F.W.* Scherz, List und Rache, 12.

superar o próprio Apolo, como monstro pedagogo, para ousar jogar com as figuras, jogá-las com dados, brincar com as belas aparências e figuras luminosas do fundo infernal da noite, como Dionísio, o filho jogador de Perséfone: é preciso *A mão da fatalidade, as mãos de ferro da necessidade que agitam o copo de dados do acaso e jogam seu jogo por tempo infinito*.[126] O templo de Apolo em Delfos é construído sobre um antigo templo de Dionísio.

O canto de amor, 1914

---

[126] *Morgenröte* § 130, cf *O enigma da fatalidade*, 1914.

4
A charada de "Chiron"[127]

> *... é necessário ao príncipe saber praticar bem a besta e o homem. Esta regra foi ensinada aos príncipes em palavras veladas pelos autores antigos que escrevem como Aquiles e vários outros desses grandes senhores do tempo passado foram entregues ao centauro Quíron para serem educados, para que ele os instruísse sob sua disciplina.*[128]

Chirico, o italiano da Grécia, nascido na Tessália, em Vólos, sempre soube que *cheir* (χειρ em grego é a mão, *cheiris*, a luva), sua mão, não era simplesmente o órgão, o instrumento de sua assinatura, mas sua assinatura, seu nome mesmo. *Chir – ico*.

---

[127] O jogo de linguagem pelo qual se ata e se trai, a nosso ver, o laço secreto de Chirico com o monstro da mitologia grega é aparente tanto para o italiano (*Chirone*) como para o francês (*Chiron*). A letra grega "chi" ou "qui", χ, em maiúscula, X, figura efetivamente a cruz do cruzamento e do encontro e assim encontra o x da incógnita. É sem dúvida o enigma complexo desse x que é dado a adivinhar na *Composição metafísica de 1914* e que, nesse quadro, não está próximo de uma mão ou de uma luva, porém, curiosamente, de dois pés de gesso. Mas, enfim, "Chiron", Quíron, Χειρων, nao é o cirurgião que restitui a agilidade ao pé claudicante de Aquiles...?

[128] Machiavel *Le Prince XVIII*.

Não o terá dito jamais; se contentará em mostrar sua mão absorvida em sua obra, se exibir como mão em pessoa, se pintar em seu nome, jogar com isso e manobrá-lo sutilmente em sua obra. Tal era o milagre da *providência pessoal* que o fazia tocar com a ponta do dedo essa chance inaudita de ter toda a virtude e a promessa de sua arte em seu nome, sob a mão, verdadeira mão do destino, *mão da fatalidade*, arma absoluta da sorte.

Como pudera ele ter essa *revelação* senão graças ao sinal da *mão louca* (*törichte Hand*) lançado por Nietzsche quando, na *Gaia Ciência*, desvela o segredo dessa experiência de segurar e aproveitar a chance, essa arte de responder-lhe surpreendendo suas oportunidades e provocações, essa destreza artística que zomba de todas as crenças metafísicas na providência e no favor divinos?

> *Vamos deixar os deuses em paz e igualmente os gênios prestimosos, e nos contentar com a suposição de que a nossa própria habilidade (*eigene... Geschicklichkeit*) prática e teórica na interpretação e arranjo dos acontecimentos (*Ereignisse*) tenha alcançado agora seu ponto alto. Não vamos tampouco estimar alto demais essa destreza de nossa sabedoria, se por vezes nos surpreende tanto a maravilhosa harmonia que surge ao toque de nosso instrumento: uma harmonia que soa bem demais para que ousemos atribuí-la a nós mesmos. De fato, aqui e ali alguém toca conosco – o querido acaso (*der liebe Zufall*): ele conduz ocasionalmente a nossa mão e a mais sábia providência não poderia conceber mais bela música do que a que, então, consegue esta nossa mão insensata (...törichten Hand...).*[129]

Esse sentido do tato, da apropriação oportuna do acontecimento, esse jogo da mão feliz, da felicidade do êxito e do sentido da surpresa e da chance, essa *louca* liberdade de emprestar a mão

---

[129] *F.W.* § 277.

ao que acontece, de ir ao encontro do que sobrevém, do *Kairos* grego,[130] não evoca espantosamente a *timidez* hölderliniana, suas *mãos felizes (schickliche Hände)* que têm a arte de agarrar, de tomar à palavra o destino?[131]

A mão de Nietzsche terá dado e designado a Chirico o sentido de seu destino e de seu nome. Assim iniciado, não era seu dever aceitar o desafio lançado e levantar a luva? Seu gênio artista declarava-se vontade de se mostrar digno de um adversário que ele podia pensar igualar na emulação e na rivalidade amorosa, engajando-se contra ele, com ele, numa luta, um nobre concurso, corpo a corpo, *mão a mão*.

Esse jogo de mãos heroicas, que seu prenome mesmo designava como um combate leal de amigos da terra – Giorgio –, fazia-o reencontrar esse *monstro* (*Untier*)[132] que *se esconde para morrer*,[133] esse monstro que não cessara jamais de se dissimular e que até o fim terá deixado ignorado seu verdadeiro nome.

Esse nome de monstro não era um nome monstro, que se dissimula mostrando-se, uma adivinhação silenciosa, alguma charada inverossímil, como aquela que a Esfinge propunha a Édipo?

É a exclusividade insigne da descoberta de seu próprio enigma, que o filósofo parecia oferecer ao artista, cedendo esse nome com malícia para que nele, reconhecendo em espelho seu próprio nome, sua própria mão monstruosa e louca, ele se perca, reencontrando-se.

---

[130] Cf: *Jenseits...* §274.

[131] Françoise Dastur tratou com acuidade *essa destreza (Schicklichkeit)* em compreender *o endereço* do destino (*Geschick*), esse *tato* e essa *conveniência* que permitem responder a esse correio. *Hölderlin tragédie et modernité* (Encre Marine édit.) p. 25, 75, 117 e nota 9, p. 129.

[132] Carta de Nietzsche a Georg Brandes, de 20 de Novembro de 1888.

[133] Carta de Nietzsche à Pasquale d'Ercole, de 9 de Junho de 1888. Cf a Overbeck, de 20 de Julho de 1888, e a Seydlitz, de 12 de Fevereiro de 1888.

Na extremidade de sua mão, nesse contato de competição, de troca e de engajamento artista, o pintor encontrava-se na estranheza abissal de uma confrontação que repetia aquela da Esfinge e do *monstruoso Édipo*,[134] na qual o pensador não cessou de se abismar.[135]

A grande surpresa de Chirico terá sido descobrir que seu nome refletia em espelho o enigma do monstro Quíron e que este se escondia naquele que o engendrava como artista.

Chirico tomou de Boecklin o sentido da estranheza mitológica. Ora, se Boecklin teve tanta influência sobre ele, se o inspirava tão profundamente, não é porque era o pintor por excelência dos combates de centauros?

Os centauros de Boecklin são os intercessores não só da consciência que Chirico tomou do sentido completo, excessivo e *monstruoso* de seu nome, mas também do que agravava e comprometia ainda mais profundamente seu engajamento denso, inextricável e decididamente *monstro*, com o centauro Nietzsche.

Pois Nietzsche muito cedo afirma querer tornar-se centauro, como se se tratasse, por essa estranha metamorfose, de escapar aos modelos reconhecíveis, desaparecer do mundo conhecido e civilizado para melhor afirmar sua sabedoria e sua liberdade transgressivas: se afirmar como um monstro paradoxal, uma besta selvagem da cultura:

> ..não tenho de fato nenhuma ambição literária, não preciso me ligar a um padrão reinante, pois não aspiro a nenhuma posição brilhante e célebre. Em contrapartida, quando for o momento, quero me exprimir tão seriamente e tão francamente quanto possível. No presente, ciência,

---

[134] *Die Geburt der Tragödie.*
[135] *Jenseits* §1, "Wer von uns ist hier Ödipus? Wer Sphinx? Es ist ein Stelldichein, wie es scheint, von Fragen und Fragzeichen".

arte e filosofia crescem em mim simultaneamente a tal ponto que, de todo modo, qualquer dia gerarei centauros.[136]

O centauro não seria a figura ambígua e problemática dessa liberdade errante do "original", do "louco" que vai "por sua própria mão" recusando, na "doce ignorância", "a mão dos mestres e das tradições"?[137] Em "*O estado grego*", Nietzsche aproximara a escandalosa mistura da violência de existir na luta e na necessidade de arte, da figura compósita do centauro.[138]

O que há de monstruoso nesse monstro não é que nele se encontram e se telescopam a selvageria e a civilização, a bestialidade e o humano? E não será essa "monstruosidade" outra coisa senão a impensável possibilidade de uma cultura dos solitários, de uma "sabedoria selvagem" (*wilde Weisheit*)?

Ora, não é precisamente em um pintor, justamente um pintor que ele conhece, que esse centauro louco e sábio tem a oportunidade de encontrar fascinantes congêneres?

Boecklin, nascido na Basileia em 1827, foi amigo de Jakob Burckhardt, que o iniciou na "cultura italiana". Nietzsche sem dúvida encontrou Boecklin, graças a seu grande e venerado amigo, o último destinatário de suas cartas.

---

[136] A Erwin Rohde, janeiro e fevereiro de 1870.

[137] Cf: um pouco mais acima, na mesma carta: "Das Malheur nämlich ist: ich habe kein Muster und bin in der Gefahr des Narren auf eigne Hand" ("O infortúnio é exatamente: não tenho nenhum modelo e corro o risco do louco por minha própria mão"). Os editores da correspondência aproximam esta passagem do epigrama de Goethe (nov. 1812): "Aos originais: Sou um louco por minha própria mão" ("Ich bin ein Narr auf eigne Hand").

[138] *Der griechische Staat* Vorrede (*Basler nachgelassene Schriften* 1870-1873). Cf: *Menschliches Allzumenschliches I*. No aforismo 241, Genius der Cultur, o "gênio da cultura" é definido como centauro: "Es ist ein Centaur, halb Thier, halb Mensch, und hat noch Engelsflügel dazu am Haupte". ("Ele é um centauro, meio animal, meio humano, e além disso tem asas de anjo na cabeça"). Ver adiante, p. 102, nota 168.

Em 1881, em todo caso, não separará em sua admiração Boecklin e Burckhardt, no momento de mencionar as virtudes dos artistas e escritores suíços, *audácia por dentro e moderação – para fora – para* todo *"fora" –*, virtudes alemãs que os alemães não mais possuem: *E qual poeta a Alemanha teria a contrapor ao suíço Gottfried Keller? E teria um pintor explorando caminhos, semelhante a Boecklin? Um sábio pleno de sabedoria, como J. Burckhardt?*[139]

Não acreditemos que o centauro seja esquecido como uma intemperança mitológica de juventude: em 1887, 1888, uma espantosa referência a Maurice de Guérin revela que a contaminação monstruosa não está curada e que, ao contrário, a admirável confissão do centauro Macareu que *declina na velhice, calmo como o ocaso das constelações,* fascina o último discípulo da Antiguidade dionisíaca – *o único que fez o achado de uma linguagem com a qual se pode falar dos tempos antigos: Maurice de Guérin no* "Centauro".[140] *Macareu*, o velho centauro, recebeu as confissões de Quíron, aluno ou mestre de Apolo, pois aprendeu ao pé do deus a virtude das plantas e foi igualmente seu pedagogo, como foi o pedagogo de todos os gregos. A sabedoria do mais sábio dos centauros, segundo Homero, não é essa sabedoria rara de um imortal que escolheu morrer, que quis conhecer a verdadeira vida, aquela dos mortais?

---

[139] *Nachlass* Frühjahr-Herbst 1881 11(249). Outra referência *M.A.* (*Menschliches Allzumenschliches*) I § 217, variante, U II 5 35: Constatando *o empobrecimento sensual da grande arte*, Nietzsche, depois de ter analisado a evolução da música para a maior intelectualidade em detrimento da sensibilidade, toma um exemplo pictural: "Assim como Boecklin, por exemplo, torna o olho mais intelectual e vai muito além do prazer da cor: o lado feio do mundo foi conquistado pela inteligência artística".

[140] *Nachlass, Nov 1887-März 1888 11(296).*

Hölderlin, ainda ele, já terá reencontrado essa ferida envenenada que parece efetivamente ligada ao destino duplo, à *dupla forma* dilacerante, deslocante do monstro.[141] Esse destino confunde-se para ele com aquele do poeta, de *O aedo cego*: o poema *Quíron* é o seu remanejamento. O enigma de Quíron é aquele de uma imortalidade divina que vem monstruosamente, escandalosamente, se comprometer com a mortalidade humana como para transgredir e perturbar a hierarquia instalada, a assimetria constitutiva da oposição-superposição dos deuses e dos homens. Não se trata, num certo sentido, de divinizar uma divisão dilacerante, de fazer *amar a injustiça divina (göttliches Unrecht)*?

A ferida de Quíron é como esse dilaceramento trágico que transgride a simplificação especulativa da subsunção dialética, uma cesura vivida do padecimento ativo da separação, da afirmação da finitude como inseparável do enigma problemático que transtorna a distinção dos deuses e dos homens, sem suprimi-la, revela o acordo trágico do humano com o divino na distância não patética, afirmativa, como *acoplamento monstruoso*,[142] *purificação pela separação*.

O destino de Quíron, tão monstruoso como Édipo, cumpre talvez de maneira exemplar essa tomada de distância do divino e do humano, esse desvio recíproco do mundo imortal e do mundo mortal, infidelidade afirmativa, *traição* que é condição humana de uma partilha do divino, salvo da desmesura. O centauro imortal aceita divinamente o destino dos mortais e, no mesmo gesto, *justifica* decididamente a estranha responsabilidade que lhe cabe de dar sentido de justiça à selvageria que o constitui.

---

[141] "Chiron", (*Odes et hymnes*).
[142] *Remarques sur Oedipe* § 3.

Hölderlin não deixa de sugerir que *o aguilhão do deus,*[143] inseparável da ferida, permite *portar* assim *o deus no fundo de si-mesmo (Einheimisch aber ist der Gott dann – Angesichts da)*: a esperança da vinda de Héracles, o deus justiceiro da guerra, com suas flechas envenenadas vem selar o enigma vivo desse monstro.

Não se trata de dar sentido terrestre ao duplo desvio *categórico* vertical do divino e do humano? A abertura horizontal do lugar de realização desse desvio é abertura mesma do campo de batalha do *agon* sem *hybris*, da *ágora* do jogo das finitudes.

Não é a verdade mesma da abertura do categórico em Kant que Hölderlin, assim, permite compreender melhor? O imperativo é categórico sem dúvida como incondicional no sentido em que ele rompe totalmente com toda dependência em relação a um mandamento divino transcendente e não somente em relação a alguma condição empírica. Mas então ele é categórico não mais simplesmente, negativamente, contra essa dependência, mas afirmativamente como desdobramento do espaço e do tempo, do *deserto* onde a lei libera o campo de encontro dos homens como único lugar, meio, da partilha de seus destinos, do *polemos* agonístico categórico sem "relève"[144] dialética ou especulativa.

No dilaceramento de seu ser, tão monstruoso quanto justo, o mais justo dos centauros mostra, designa a possibilidade de uma partilha judiciosa que evoca sem dúvida esse *mitteilen* do *urteilen*, *esse compartilhar do julgamento*, do Kant da *Terceira crítica*: essa experiência do sublime, como aquela de uma deslocação, de um

---

[143] Heidegger faz alusão em *Was heisst denken?* à tradução de um fragmento de Píndaro por Hölderlin que, segundo ele, remete à etimologia da palavra "centauro" como ponta (*Kentron*) que vivifica, abre fendas na rocha e libera o espírito do rio.

[144] Foi Jacques Derrida que teve a bela ideia desta "tradução" elegante do "Aufhebung" hegeliano que exprime ao mesmo tempo a substituição e o ultrapassamento.

desastre trágico que abre o espaço, que é preciso talvez chamar *alegórico*,[145] de uma proximidade no jogo e na exaltação das diferenças pela emulação, a rivalidade amorosa, de um acordo das finitudes no desacordo, da justiça de uma distância numa igualdade valente, valorizante, que aproxima sem submeter a algum princípio de unidade transcendente.

As mais antigas representações de centauro, e de Quíron em particular, testemunham que *a partilha entre humanidade e animalidade não passa entre o alto e o baixo mas entre o dianteiro*

Quíron

---

[145] Em sinal de conivência com W. Benjamin e o novo sentido, muito aberto, que ele dá a essa palavra.

e o traseiro:[146] um corpo humano na frente de uma garupa de cavalo. É essa duplicidade não subsumidora, transversa, que o educador, o legislador ou o médico da Grécia transmuta e afirma no mesmo gesto pelo qual ele se desvia de sua subsunção ao divino, como se o remédio a toda violência tivesse qualquer coisa a ver com essa projeção da diferença hierárquica vertical sobre o horizonte terrestre, sobre a abertura da igualdade rival, do espaço dos pares.

Não é o sentido verdadeiramente terrestre dessa *reviravolta (Umkehr)*, desse duplo desvio dos deuses e dos homens, o que significa essa espera final da *volta de Héracles (Herakles Rückkehr)*? O desvio categórico abre o espaço e o tempo terrestre do categórico como tal – a abertura da praça pública – dessa alteração alegórica na qual o trágico se afirma sem "relève" dialética ou especulativa e se instaura como infinito começo, cena hiante, espaço e tempo puros, deslocação de um mundo de *tempo fora dos eixos*.

A dupla forma do monstro pedagogo e médico é a fórmula iniciadora, educadora e curativa que ele exibe, para afirmar esse valor justificante, essa justeza justa do *duelo* liberado de toda desmesura conquistadora ou dominadora.

O *aguilhão do deus* é esse dilaceramento que perfura para curar sem denegar a ferida incurável da vida mortal, esse *pharmakon* duplo cuja revelação não pode senão *sacrificar* seu iniciador.

O monstro doente que, em suas últimas cartas de Turim, declara seu sofrimento de besta *perfurada por uma ferida indizível*[147] *e que então se enfurna*, esse *Filoctetes*[148] confesso, não é ele também

---

[146] Alain Schnapp, verbete *Centaures*, p. 146, 7, *Dictionnaire des Mythologies*, tome I.
[147] A F. Overbeck, 20 de Julho de 1888.
[148] Remetemos às análises que fazemos em outros textos.

o duplo desse habitante selvagem das cavernas do monte Pélion que educou e curou Aquiles?

O *Princeps Taurinorum*[149] – estranho Mino*tauro*, hóspede da Augusta Taurinorum – Turim –, perdido em seu labirinto hiperbóreo excentrado, não poderia reconhecer-se no príncipe dos centauros?

Quíron compartilha com Filoctetes o destino trágico de ter sido ferido pelas armas envenenadas de Héracles. Essas armas mortais são segredo do combate da vida quando ela é verdadeiramente viva, quer dizer, vida mortal dos mortais votados ao encontro, ao *rendez-vous*, ao combate, à "guerra", à vitalidade da agonia mesma. As armas que fazem sofrer o exilado de Lemnos e fizeram Quíron escolher a morte devem também dar seu sentido final ao combate de Tróia, à Ilíada, figura paradigmática do *conflito em igualdade*, do *combate que não poupa ninguém*.[150]

Os centauros são os piores dos monstros, os mais incultos e os mais agressivos: não carregam a batalha, a divisão do combate em seu corpo duelo? Eles são a batalha monstruosa em pessoa, a carnificina encarnada, o encontro dilacerante, impossível, dos adversários, dos contrários irredutíveis. Se o cavalo selvagem é por excelência o animal grego da loucura e da violência,[151] que permite a Atena, domando-o, provar a força vitoriosa de sua sabedoria, os centauros não figuram, em contraste, o risco humano da divisão guerreira inexpiável?

---

[149] Rascunho de carta do Domingo, 30 de dezembro de 1888. Turim, em latim, se diz Augusta Taurinorum.

[150] Como o demonstra rigorosamente Nicole Loraux, em *Le Lien de la division*, Cahier du collège International de philosophie, n° 4, 1987.

[151] M. Détienne et J. P. Vernant. *La metis ou les ruses de l'intelligence chez les grecs*, p. 176 sq.

A sorte e o lugar surpreendente de Quíron, que complica a oposição simples do Deus guerreiro e dos homens cavalos, revela a complexidade densa da experiência grega da civilizaçao.

Em Boecklin, Chirico se iniciará no *combate dos centauros*: primeiros temas de sua pintura. Pinta, igualmente, em 1909, o *centauro morrente*, espantosa cena do sofrimento de um solitário que faz contraste com os campos de carnificinas e de certa maneira os interioriza: o assassinato brutal e multiplicado se condensa intimamente, intensamente, em morte lenta singular que preserva o enigma de uma separação, que une sem reconciliar: afastada, à parte, ao fundo da cena, a testemunha esboça uma cabeça pensativa.

Nesse quadro que precede de pouco os quadros nietzscheanos, o monstro moribundo, tombado em nossa direção, sobre o dorso, estranhamente guardado, no horizonte, por uma silhueta de costas, à contraluz – que reencontramos em numerosas outras pinturas –, parece com efeito querer sublinhar, na exibição-oferenda de sua agonia, o enigma mesmo do *Pharmakon*, desse veneno ambíguo do conflito que ele encarna no seu desdobramento de homem-besta, da divisão que ele vive em pessoa mas para a qual ele conhece – ele é – tão paradoxalmente o remédio.

Quando do massacre dos centauros por Héracles, Quíron, o imortal que o acompanha e é seu amigo, é no entanto acidentalmente ferido de uma ferida incurável, estranhamente "digna" de simples mortal. Como se se tratasse, para ele, de pagar a passagem extraordinária que ele representa, que ele porta e transporta, que ele metaforiza ao pé da letra, essa passagem impossível entre a selvageria do combate e a paz civil, a animalidade e a humanidade: como se a chaga que o atinge fosse a marca dupla da selvageria da guerra e de sua resolução, como se o vencedor tivesse sempre qualquer coisa de comum a guardar com o vencido, na sua vitória mesma: a própria batalha, a partilha, o coração compartilhado do combate. Quíron é inimigo dos centauros ao lado de Héracles, mas, ele também centauro, é vítima com eles das armas que domam a violência, de Héracles que porta a pele do leão de Neméia, monstro que doma os monstros.

Quíron é o paradoxo mesmo, se ele é *o mais justo dos centauros (dikaiotatos Kentaurôn)* segundo Homero,[152] aquele que ensina a Aquiles o uso de *remédios apaziguantes*.

O mais justo dos centauros, isto não define talvez uma exceção pitoresca ou exótica, mas a essência excepcional da justiça, seu melhor, sua verdade inencontrável e impossível, aparentemente "monstruosa", pois centauresca, pois sua civilidade não é de outra natureza que a da selvageria, não é sobrenatureza metafísica mas de ordem médica, laço apaziguante encontrado no conflito mesmo, quando a tensão se faz equilíbrio, discórdia harmoniosa, jogo de Éris com Eros.[153] Tal é, talvez, o segredo desse centauro divino, inspirado e repleto de amor pelos homens, que Píndaro chora[154] nas suas *Píticas,* onde exalta os combates e os heróis do estádio, onde Nietzsche colhe suas mais belas máximas – ...*Torna-te quem és...* –, esse famoso e talentoso centauro Quíron: a sabedoria e o saber mesmo: não é do próprio Apolo que aprende a arte da medicina? A menos que seja Apolo que se instruiu junto a ele! De Artemis lhe veio a arte da caça. Ele formou Asclépios, o médico. Não era ele simplesmente

---

[152] *Ilíada* XI, 832.
[153] Nicole Loraux, op. cit., p. 114, 5.
[154] *Píticas* III, IV, IX.

o educador dos gregos, do encontro miraculoso dos incompatíveis? Grande Pedagogo selvagem, um monstro mestre de civilidade. Não foi esse cirurgião genial que fez de Aquiles o mais rápido dos gregos na corrida?

Foi ainda ele, Quíron, que educou Jasão, o caçador do velocino de ouro.

Ferido pelas armas de Héracles de uma chaga incurável, esse imortal trocou com Prometeu sua imortalidade para conhecer a paz da morte: o monstro divino acrescentou assim, às suas qualidades monstruosas, aquelas, perecíveis e frágeis, dos homens.

Herói humano sobre-humano, ele será, no céu, a constelação do Sagitário, do lançador de flecha: estilhaçador de estrelas em constelações, como Zaratustra?

O aguilhão do deus é princípio do sublime dilaceramento estelar.

A surpresa do *sobre*-humano que *faz ver estrelas novas*,[155] dessa *destreza* tão hábil em encontrar o destino graças a essa *loucura*, essa *pedra de sabedoria dispersada de estrela em estrela*, abre o céu como *um parquete de dança para os acasos divinos, como uma divina mesa de jogo para os dados divinos e os divinos jogadores de dados*:[156] essa potência de mão aberta, estendida em direção ao alhures do encontro, não é aquela de Quíron (*Cheir*), esse monstro da mão, filho de Cronos, esse pedagogo entre a besta e o homem, se não entre a besta e o sobre-humano, esse ser de iniciação e passagem, esse médico, esse *cir*urgião capaz de cortar na carne viva mas também de fazer enxertos impossíveis, de inventar transições novas que abrem o tempo e o espaço?

---

[155] *ASZ* III, Von alten und neuen Tafeln 3.
[156] *ASZ* III, Vor Sonnen-Aufgang.

Não seria essa *besta enraivecida e fogosa*,¹⁵⁷ no entanto tão *controlada e contida*, o que abre o porvir, *o aberto, nele mesmo,* o infinito abissal, sem perder a serenidade e a distância? Não seria esse monstro de mão ao mesmo tempo tão hábil e tão imprevisível, tão arriscada e audaciosa, tão *surpreendente*, a surpresa mesma, o que sabe tão sabiamente agarrar o que se oferece a uma mão de louco?

Ter a "mão" que responda ao acontecimento, que seja na medida sem medida do acaso, essa mão loucamente afortunada, loucamente feliz, digna do que acontece,¹⁵⁸ é talvez um segredo que não se pode trair, que exige *conservar suas trezentas antecenas, conservar também seus óculos escuros, pois há casos em que ninguém nos deve olhar nos olhos, menos ainda em nosso "fundo"*.¹⁵⁹ Um segredo que um cúmplice poderia adivinhar, um rival, um amigo, um digno adversário, "ao sabor de sua própria mão", capaz de vir legitimamente, heroicamente às mãos.

Como a mão do pintor providencialmente chamado *Chirico*, nascido perto do *Pélion onde o jovem Aquiles foi educado pelo divino centauro*¹⁶⁰ – esse centauro que esconde suas mãos nas costas e assina, no fundo do quadro, o retrato do irmão Alberto Savinio¹⁶¹ em traje de Hamlet –, como essa mão admiradora de Boecklin podia não aproveitar a ocasião desse acaso objetivo, dessa eleição do nome para tornar-se um centauro, o mais manual dos centauros, um centauro da pintura? Hamlet, homem

---

¹⁵⁷ *F.W.* § 375, Cf: *Jenseits* § 224 e também §284.
¹⁵⁸ *F.W.* § 277.
¹⁵⁹ *Jenseits* § 284.
¹⁶⁰ Alberto Savinio. *La Tragédie de l'enfance*, 1937.
¹⁶¹ *Portrait du frère*, 1909.

dionisíaco que *viu o tempo fora dos eixos*,¹⁶² esse *cínico* cuja *loucura é a máscara de um saber doloroso e demasiado lúcido*,¹⁶³ na pessoa do duplo, do irmão, não é figura dupla desse duplo patronímico Quíron-Chirico, Quíron repetido, evocado, revindo, revivo (*ricordare, ricorrere...*)?

Retrato do irmão do artista, 1910

Como Chirico não teria começado por pintar o retorno dos combates de centauros?

---

¹⁶² *Die Geburt der Tragödie* § 7.
¹⁶³ *Jenseits* § 270.

E entrando na pintura por um combate como outros *entram na vida por um duelo*,[164] como não iria defrontar-se com esse estranho cavaleiro de montaria tão fogosa e todavia tão serena, de cavalo ao mesmo tempo louco e sábio, monstruosamente besta e homem sem que se possa saber, da besta ou do homem, quem é sábio ou louco? Assim ele encontra aquele que em Turim, em janeiro de 1889, numa praça, ao pé de uma estátua equestre real, numa metamorfose última, um derradeiro *tour de force* monstro, ousa se mostrar num *drama* estupefaciente, uma perturbadora e irônica cerimônia "sagrada", além de toda religião, estranha transfiguração moderna, urbana e trivial; aquele que se arrisca a montar uma performance e compor uma figura inédita, versão decadente, dramática e exausta de *centauro morrente*, imagem mitológica irreconhecível, como jogada à rua sob a forma derrisória de uma "*moralité larmoyante*", *para falar como Diderot*. Eis um *motivo de quadro*:[165] um velho professor apátrida, aposentado, se lança, chorando, ao pescoço de um velho cavalo de fiacre, batido por seu cocheiro.

Não repetia à sua maneira uma cena que o havia impressionado seis meses antes?

> *Motivo para um quadro. Um cocheiro. Paisagem de inverno. O cocheiro com a expressão do mais desprezível cinismo, verte sua urina sobre seu próprio cavalo. A isso, a pobre criatura maltratada vira-se – agradecida, muito agradecida...*[166]

*Chir*ico, o *Chir*on da pintura, teve a revelação de seu destino decifrando no mistério silencioso de uma cidade louca (Torino) a

---

[164] Stendhal que *Ecce Homo* não se abstém de citar: "Warum ich so gute Bücher schreibe": *Die Unzeitgemässen* 2.
[165] Carta a R. von Seydlitz, 13 de maio de 1888.
[166] *Nachlass*, Frühjahr 1888 14(166).

assinatura selada de um adversário na sua medida, de um monstro (*taurus*) em cuja imagem ele podia descobrir sua contra-imagem, de um inimigo digno dele, ao qual podia lançar um desafio, com o qual podia travar um combate, uma competição justa, aquela na qual os rivais se respeitam porque sabem resistir um ao outro, porque sabem que o que os aproxima também os mantém à distância, essa amorosa emulação, essa arte aristocrática da concorrência leal que é a arte e a vida mesma na tensão intensa da diferença que os vivifica.

O mais justo dos centauros, que ensinou Aquiles, o mais amoroso e o mais colérico dos heróis, se ele se metamorfoseasse em pintor, em inventor de sinais mudos e desafios misteriosos, não ia adivinhar como uma charada visual, os elementos discretos de uma assinatura, de sua assinatura em espelho, como aquela de um outro, como se a mão do acaso cúmplice do deus Silêncio tivesse jogado e dispersado, desmanchado e abafado as sílabas de seu nome, confundindo-o com as coisas?

Turim, Primavera: a capa sem título, neutra e "branca", de um livro amarelo, como que iluminado pelos raios do poente, de um livro de ouro fechado mas igualmente aberto, como um caderno virgem, se estende sobre uma cena que abre-se em praça de cidade com chão deslocado, orlada de arcadas; à esquerda, uma grande mão negra, índex de painel indicativo, designa o solo acima da cabeça e das patas anteriores de uma montaria de estátua equestre que se esquiva atrás dessa fachada clara, ligeiramente inclinada; mais embaixo, sobre o chão, ao lado do livro amarelo e "branco", um ovo branco que esconde sua gema amarela e no entanto a exibe como um livro: essas estranhas coisas silenciosas, por sua aproximação insólita, parecem querer fazer sinal misteriosamente, balbuciar, tartamudear alguma coisa para o olhar, deixar entrever e dar a ver

Turim primaveril, 1914

um sentido obscuro: essa "vida silenciosa" primaveril nos faz assistir a um nascimento, fruto de um encontro: eis, no silêncio das palavras, coisas para um "rébus", uma adivinhação, um enigma para o qual é preciso encontrar a palavra-chave, como em *A bela Helena de Offenbach,* que o viajante de Turim tanto admira.

E se essas coisas estranhamente reunidas viessem de um livro?

Desse livro de ouro outonal e todavia primaveril, livro ao mesmo tempo do fim do mundo e do renascimento do mundo, dos prantos e do riso, da morte e da vinda à luz do dia?

Uma página, por exemplo, subiria da voz branca da escritura, para mostrar-se em charada visual, palavras sincopadas de uma *língua demasiado forte, de uma boca demasiado crua para os delicados, de palavras impossíveis para aqueles que são como peixes na tinta ou raposas de pena.*

Assim apareceria o rébus fabuloso de um estranho corpo em três órgãos:

Minha mão é mão de louco. Ai de todas as mesas e paredes, e tudo o mais que tenha lugar para enfeites de louco, garatujas de louco!

Meu pé – é um pé de cavalo: com ele galopo e troto, a trancos e barrancos, para lá e para cá, através dos campos, e endiabrado sou no prazer dessas loucas corridas.

Meu estômago – é estômago de águia? Pois ele prefere a carne dos cordeiros. Mas certamente é um estômago de pássaro.

Nutrido de coisas inocentes e de pouco, pronto e impaciente para voar, para evadir-me daqui, a voar – pois esse é meu estilo: como eu não teria o estilo do pássaro?

E sobretudo, que eu seja inimigo do Espírito de Gravidade, isto é estilo do pássaro: e verdadeiramente, inimigo mortal, inimigo originário, arqui-inimigo. Oh, para onde já não voou e evaporou-se minha inimizade!

Sobre isso, eu poderia cantar uma canção – e quero cantá-la: ainda que esteja só numa casa vazia e deva cantar apenas para meus ouvidos

Outros cantores há, com efeito, para os quais só a casa cheia torna a garganta macia, as mãos eloquentes, os olhos expressivos, o coração desperto: – a esses não me assemelho.[167]

Minha primeira é uma mão.

---

[167] *ASZ* III, Vom Geist der Schwere.

Minha segunda é um pé de cavalo.

Minha terceira é a leveza de meu Witz, de minha palavra de espírito, de minha charada.

E meu tudo é o monstro que sou, médico das almas e dos corpos, só e dirigindo-se a todos, no meio de todos, em silêncio.

Centauro com Eros, Louvre

Estranho monstro que contraria todas as nossas expectativas: se pensávamos em alguma enormidade massiva e espetacular. É que somos fascinados pelos monstros da Gravidade, do espírito de gravidade que jamais cessou de trair a leveza espiritual. Essa imperceptível charada de Quíron é feita para olhos, mãos, orelhas e asas de espíritos livres como o ar, asas de pássaros (*Vogelfrei*).[168] Ter as cem mãos do gênio da fortuna não seria igualmente esconder suas mãos?

O centauro Quíron, aparentemente, jamais aparece com seu nome na obra de Nietzsche. Espantosa ausência, para um tal filólogo-médico helenista, leitor de Píndaro e de Homero, mas também de Diógenes Laércio e dos cínicos, que fazem do centauro, juntamente com Héracles, um de seus heróis.

Essa ausência poderia – bem entendido, sem nenhuma chance de ver essa hipótese verificada – aparecer como outra coisa que não uma simples carência. O que a loucura da mão do artista-intérprete, providencialmente chamado Chirico, pode impunemente e intempestivamente sugerir, em fidelidade secreta com a ideia de uma filologia do *Witz*,[169] do espírito na língua e no pensamento, não seria que essa monstruosidade é demasiado forte para que sua impropriedade transgressiva possa ser nomeada e designada como tal, que ela excede todo poder de enunciação, que ela não pode senão ser mostrada silenciosamente entre as linhas de um texto, nesse fora do lugar, esse fora do texto da alusão invisível onde a mão e o olho do pintor irão despertar a vida silenciosa?

Que o enigma mitológico do cavalo, na sua abissal proximidade com o homem, tenha alguma relação com a história de um pensamento, para suspeitá-lo seria suficiente lembrar que o herói que se deixa arrastar e se perde no labirinto da Tragédia para aí tentar descobrir a chance impossível de um Nascimento, é um

---

[168] O aforismo 241 de *Menschliches, Allzumenschliches I*, Genius der Cultur, colocava um anjo alado sobre a cabeça do centauro (Cf: nota 136). O centauro alado ou levando um Eros alado sobre seu dorso encontra-se também na estatuária grega, como o mostra uma escultura do Louvre.

[169] Cf: Carta a Rohde, 9 de dezembro de 1868.

Cavalheiro escoltado pela Morte e pelo diabo,[170] vindo diretamente das gravuras sombrias de Dürer. Como admirar-se de que esse cavaleiro se encontre, um pouco mais tarde, montado sobre um cavalo louco que *corre para o interdito*,[171] que monte suas paixões como cavalos[172] sem contudo perder a lucidez na embriaguês aparentemente a mais louca, no coração *do problemático das coisas*?

> *Pois isso é o que constitui nosso orgulho, esse leve puxar de rédeas quando avançamos impetuosos no impulso para a certeza, esse autodomínio do cavaleiro nas suas mais selvagens cavalgadas: é que sempre montamos loucos animais fogosos e, quando hesitamos, não é por certo o perigo que nos faz hesitar.*[173]

Acreditamos que esse cavaleiro, completamente arrebatado pela vontade de destruir a si mesmo, se contentará em conservar sua maestria de adestrador de *cavalo Acadêmico*?[174] Georges Bataille que, em 1929, com uma grande perspicácia histórica, designa o cavalo adestrado como o emblema mesmo da sabedoria platônica, ateniense, a cidade da deusa que doma a loucura do cavalo e inventa a dominação, já retomara profundamente, como sua, a experiência nietzscheana:[175] seu chamado de 1939 à celebração do quinquagésimo aniversário da loucura de Nietzsche, jogando-se aos soluços ao pescoço de um cavalo batido, não pode ser lido sem esse contexto de questionamento crítico da nobreza "hípica" e do símbolo filosófico da arte da equitação, para afirmar

---

[170] *Die Geburt der Tragödie* § 20.
[171] *Jenseits* § 227, cf. 224 e *F.W.* § 375.
[172] *Jenseits* § 284.
[173] *F.W.* § 375.
[174] É o primeiro artigo de Georges Bataille, em 1929, na Revue *Documents*, n° 1.
[175] Bataille citará em 1935 *L'effondrement de Nietzsche*, de E. Podach, publicado em tradução francesa, em 1931.

uma nobreza inteiramente outra, louca,¹⁷⁶ de um espírito livre que recusa a exceção, a dominação.

É ao pé da estátua equestre de um rei que tem lugar essa cena escandalosa que inverte os papéis: isso, o pintor Quíron-Chirico não podia perder.

Uma surpreendente fotografia feita em Lucerna, em maio de 1882,¹⁷⁷ atrela Nietzsche e Paul Rée para uma cena humorística na qual Lou Salomé, numa charrete infantil, segura as rédeas e chicoteia! Essa imagem não anuncia um irresistível *devir animal*, um *tornar-se cavalo* que não se reduz a um sentimento de piedade

---

¹⁷⁶ *F.W.* § 55, Das letze Edelsinn.

¹⁷⁷ *Cartas de Nietzsche a Peter Gast*, publicadas em 1961 por Pierre Schaeffner, Tome I, p. 89.

"humana", demasiado humana, mesmo se choramos e abraçamos um animal batido?

> *...um cavalo tomba na rua! e não pode se reerguer sob a carga pesada demais e os golpes de chicote duros demais; um cavalo vai morrer! – espetáculo outrora ordinário (Nietzsche, Dostoievski,*[178] *Nijinsky choram-no...) não se trata de imitar o cavalo, de "fazer" o cavalo, de se identificar com ele, nem mesmo de experimentar sentimentos de piedade ou de simpatia. Não é tampouco questão de analogias objetivas entre os agenciamentos ... é uma composição de velocidades e de afetos entre indivíduos inteiramente diferentes, simbiose... Participação contra natureza...*[179]

Para o "louco", o *Bottom* shakespeariano de Turim, tombar com um velho cavalo de fiacre não é simplesmente representar o animal, mesmo em meio a prantos. Não se trata do encontro de duas individualidades distintas. Trata-se antes, de um qualquer coisa, de uma *hecceidade* que não remete a relações personificadas mas a *relações de movimentos e de repouso entre partículas.*[180] O que acreditamos ser o cenário é um elemento desse *acontecimento* que reúne um homem, um cavalo e uma rua: o cavalo de fiacre é a rua: o homem ao pescoço do cavalo é lançado à rua, *no meio da rua*: ele torna-se homem da rua, aquele que passa, que vai para além, um ser de passagem (*Übergang*), a surpresa de um simples *passante*, entre a besta e o sobre-humano:

> *Uma hecceidade não tem nem começo nem fim, nem origem nem destinação; ela está sempre no meio.*[181]

---

[178] *Crime et Châtiment* I, 5: trata-se de um sonho de Raskolnikov: Pleïade, p. 96 sq.
[179] Deleuze e Guattari, *Mille plateaux*: "Devenir intense, devenir animal, devenir imperceptible", p. 315.
[180] Idem, p. 318 sq.
[181] Idem, p. 321.

> *... a rua como meio*[182] *... um meio é feito de qualidades, substâncias, potências, acontecimentos: por exemplo a rua e suas matérias, como os pavimentos, seus barulhos, como o grito dos comerciantes, seus animais, como os cavalos atrelados, seus dramas (um cavalo escorrega, um cavalo cai, um cavalo é batido...). O trajeto se confunde não somente com a subjetividade daqueles que percorrem um meio, mas com a subjetividade do meio, ele mesmo, na medida em que este se reflete naqueles que o percorrem.*

O encontro do homem e do cavalo nas ruas de Turim, tal como o comemora a *Natureza morta 1888*, terá sido apreendido, surpreendido e retomado como uma monstruosidade providencial, para e pela mão de um pintor de nome predestinado e nascimento inesperado em 1888.

A força e a oportunidade afortunada dessa *interpretação* pessoal irresistivelmente louca, cuja complexidade misteriosa a repetição pictórica não cessará de aprofundar, sua força de convicção e de sugestão, sua provocação perturbadora, decididamente desvairante, é de conduzir a uma retomada da experiência do *Princeps Taurinorum*, desse *monstro*,[183] príncipe estranho dos *monstros*,[184] discípulo de Dionísio, mas também companheiro de Héracles; é de abrir a interrogação sobre o que conduz um destino de pensamento a esse êxtase nas praças e nas ruas de uma cidade.

> *Conheceis essas coisas como pensamentos, mas vossos pensamentos não são vossas experiências e sim o eco daquelas dos outros: tal como vosso*

---

[182] Deleuze. *Critique et clinique*, ch. IX *"Ce que les enfants disent"*, p. 81.
[183] Cf. a assinatura da carta de 20 de novembro de 1888 a G.Brandès: *Vosso Nietzsche, agora monstro (jetzt Untier)*.
[184] *Jenseits* § 146: "Quem combate monstros deve cuidar para não se tornar monstro. E se olhas longamente um abismo, o abismo também olha em ti".

quarto treme, quando um carro passa. Mas eu estou sentado no carro, eu sou com frequência o próprio carro.[185]

Nessa câmera de ressonância que lança para fora, à rua, Chirico terá feito ouvir o eco da carroça confundida com o cavalo: *A angústia da partida* mostra que o carro de *mudança* esconde o cavalo que o puxa, abrindo a rua como lugar do transporte *metafórico*,[186] lugar mesmo de deslocamento, de deslocação, quando o homem não fala mais que por *metáforas interditas e conjuntos de conceitos inauditos*,[187] quando a *pluralidade das normas* vem abrir o campo do *politeísmo*, essa escola de aprendizado da pluralidade do pensamento *sobre-humano*:

> *A invenção de deuses, de heróis e sobre-humanos de toda espécie, assim como de seres perto do humano e sub-humanos, de anões, de fadas, de centauros, de sátiros, de demônios e diabos, foi o inestimável exercício prévio para a legitimação do amor de si e para a soberana afirmação da singularidade...*[188]

Não é talvez por uma simples coincidência insignificante que Husserl, preocupado em definir a atitude fenomenológica como busca do *fenômeno puro*, do *aparecer inaparente*, dessa *maravilha das maravilhas que o ente é*, interessando-se pela *modificação de neutralidade da consciência*[189] e aproximando-a, para melhor surpreendê-la, da atitude estética, reencontra, nesse caminho problemático exposto aos limites, onde a presença se expõe a perder de

---

[185] *Nachlass*, Herbst 1880 6 (448).
[186] Como o grego moderno o diz: metáfora é o transporte público.
[187] *Über Wahrheit und Lüge im aussermoralischen Sinne*.
[188] *F.W.* § 143.
[189] Remetemos aqui ao artigo muito preciso de Françoise Dastur, *Husserl et la neutralité de l'art*, in: La part de l'œil, n° 7, 1991, Bruxelas.

vista, o cavaleiro de Dürer e os centauros de Boecklin.[190] Como essas ilustrações, essas *formas* exemplares, não estariam em afinidade profunda com o *conteúdo* dessa experiência da ficção, do imaginário, do quase-presente, precisamente, como "apresentação pura" de uma forma como conteúdo do aparecer? A consciência "puramente" estética supõe "modificação de neutralidade" que recusa toda referência empírica, toda posição de existência.

Se o centauro é a ocasião de uma visão estética, não é na medida em que ele é ficção afirmada como não existência ou quase-existência mas irrealidade que não precisa se definir como tal: aparência estética que transporta no seu movimento de deslocamento imaginário como que a diferença mesma e o afastamento do *cogito* no "como se", o deslocamento da metáfora de uma aventura em que ele faz a prova da sua passividade: estranho desobramento, pois ele é a condição da celebração da *festa do aparecer*.[191]

Que acontece quando Husserl – aparentemente sem o saber – retoma como Nietzsche a metáfora mesma dessa gravura de Dürer?

Não se trata do recurso a algum exemplo estético em geral.

Mais que a moda, é talvez a modalidade mesma de uma modificação decisiva do pensamento que incita os filósofos a seguirem irresistivelmente e a se lançarem atrás desse cavaleiro arrastado pela morte e pelo diabo para a floresta "selvagem". A *vontade de destruir a si mesmo* na sua maestria de sábio cavaleiro guardião da autoridade da verdade, da *sua* verdade, não leva o homem a deixar-se transportar diabolicamente por sua montaria?

Tornar-se centauro parece com efeito o destino desse aventureiro, pois o monstro desenha e designa essa passagem transgressiva

---

[190] Cf. a nota 49 do artigo citado.
[191] Como o enuncia F. Dastur na conclusão de seu artigo, p. 29.

entre o homem e a besta, que contesta todo acavalamento hierárquico, toda domesticação controlada da montaria. Husserl escaparia a essa fascinação equívoca do animal da domesticação por excelência, o mais próximo da humanidade, a essa estranha conquista que fez seu conquistador e que de algum modo o instalou na sua dignidade equestre de maestria humana, demasiado humana?

Se interrogando sobre a experiência das bestas como tais, Husserl coloca estranhas questões, que ali também concernem aos monstros do acavalamento e "neutralizam", confundem e tendem a turvar a diferença humanos/animais:

> *Mas aqui é preciso primeiramente perguntar-se: por que é que os nomeio bestas e por que é que os distingo dos homens? Talvez por causa de seu tipo de corporeidade carnal completamente diferente? Mas os seres-cavalos em Gulliver não são em verdade homens e nossos cavalos não são essencialmente diferentes desses "seres de razão" com corpo de cavalo?*[192]

A mão do pintor ou do desenhista não cessa de desorientar a mão que segura as rédeas e comanda. A experiência incontrolável da escritura não terá deixado de colocar o cavaleiro aos pés de sua montaria:

> *Não escrevo somente com a mão*
> *O pé sempre quer ser escriba junto*
> *Firme, livre e valente, ele corre comigo*
> *Ora através dos campos, ora sobre o papel.*[193]

Por que o oráculo perdeu seus braços e suas mãos?

A camisa do louco de estrela do caos na testa, não se confunde com um peitoral de animal?

---

[192] Husserl, 1933, citado na *Revue Alter*, n° 3, p. 214.
[193] *F.W.*, Scherz List und Rache § 52, Mit dem Fusse schreiben.

Quíron, o centauro cirurgião, terá sempre dissimulado suas manipulações cruéis, seus enxertos interditos, seu jogo perigoso nas fronteiras onde os venenos misturam-se aos remédios, a rivalidade guerreira e selvagem à justiça, o homem à besta.

O filósofo e o poeta, o Oráculo, os amigos que se encontram em *O duo,* perderam suas mãos: talvez tenham perdido também a cabeça: uma estrela marca-os na fronte: estrela dançante sobre o caos de uma horda desordenada de loucos em casaca verde que vieram anunciar, designar e assinalar a abertura do porvir: esse espaço vazio, vacante, livre, de um novo mundo explodido, estrelado e multicolorido. Se aqui e ali subsistem alguns traços, alguns indícios em oco, luvas vazias, indicadores negros, as mãos escaparam, levadas numa manobra invisível que as prende nas coisas: tais são as mãos entregues loucamente à sorte para colocar a vida em jogo, colocá-la em obra, colocando-a no mundo: a virtude que dá se abre como uma mão que chama a surpresa, essa surpreendente maneira de dar sem jamais se deixar tomar: mão à la "sabedoria selvagem" da oferenda[194] que se retira ao se abandonar: *Isto precisamente... é o mais difícil: por amor, fechar a mão aberta e conservar o pudor, ao ofertar.*[195]

Um estranho pescador *pródigo de mil mãos,*[196] sem braço, pois deu e multiplicou suas presas lançando inumeráveis linhas sob o mar do *abismo humano, do alto dos cimos,* provoca silenciosamente os homens peixes.

Eis que sobre novas tábuas em forma de quadros negros em cores, a mão invisível do pintor lança seus anzóis: desenha o

---

[194] *ASZ,* Das Honig-Opfer.
[195] *ASZ,* Das Kind mit der Spiegel.
[196] *ASZ,* Das Honig-Opfer.

destino, destina o desenho, esboça os sinais, faz escaparem as linhas de fuga, as perspectivas difratadas onde perder e prender aqueles que se aventuram nessas terras que tremem e jogam-se ao mar, essas águas tormentosas que invadem as ruas e as jogam à rua. No meio dos imóveis o espaço escapa e vai-se ao largo: e eis que no extremo da rua desliza o barco de Teseu ou a locomotiva que leva um louco.

Sombras infantis maliciosas e zombeteiras brincam de arco, nos arrastam no Colin Maillard[197] da vaca cega (*blinde Kuh-bunte Kuh*) de uma cidade estranha,[198] que ama o coração de Zaratustra, a nos mostrar de todas as cores nas vias misteriosas que *mudam-se* e desvairam.

> *O carro de mudança vira no ângulo da rua.*
> *Pórticos ao sol. Estátuas adormecidas.*
> *...*
> *A criança, desperta na hora mais profunda da noite*
> *Pelo barulho aterrador da tempestade, corre de pés descalços à janela*
> *...*
> *– E agora ele espera, ele procura a amizade*
> *– Uma guerra é finda, queremos aprender um novo jogo...*
>
> *Vida, vida, grande sonho misterioso! Todos os enigmas que mostras: alegrias e brilhos... Visões que se pressentem.*[199]

---

[197] N.T.: Denominação francesa do jogo da cabra-cega.

[198] "Essa cidade da vaca multicor não seria Paris, a cidade de Ísis, a deusa vaca, segundo uma tradição fantástica e mitológica que os escritores do século XIX conhecem bem? Para Nietzsche, o espírito parisiense de Offenbach se confunde com a idade do multicor, a idade do porvir." Sobre isso, remetemos ao último capítulo de nossa obra inédita "Rendez-vous avec Nietzsche: L'Appel de la Rue".

[199] Poesia de Giorgio de Chirico de 1911-1913 publicada em *La révolution surréaliste*, 15 de Outubro de 1925.

> *Queria muito saber por que sou sempre*
> *o cavalo que seguro pelas rédeas.*

> *Com a idade, diz Polágoras, tornei-me semelhante a um campo sobre o qual houve batalha, batalha há séculos, batalha ontem, um campo de muitas batalhas.*[200]

Na ágora da multidão, uma grande besta de albarda, um *cavalo sobrecarregado*:

> *Grande, muito grande, com formas poderosas que conviriam mais à lavoura que à viagem de escalas, alto e carregado como um dromedário, ele se afasta, único monumento de vida no deserto que o cerca, mas esse monumento dá confiança.*[201]

No deserto, o camelo tornou-se um cavalo de carroceiro abatido na rua, coberto de lágrimas de uma piedade impossível, de uma *compaixão contra compaixão* que *é mais elevada e olha mais longe* que toda compaixão convencional, essa força que ousa afrontar a dor e cultiva *aquela tensão da alma na infelicidade, que a revigora, seus calafrios à vista do grande naufrágio, sua inventividade e valentia no suportar, perseverar, interpretar, aproveitar a infelicidade...*[202]

---

[200] Henri Michaux. *La vie dans les plis*, Vieillesse de Pollagoras.
[201] Idem, Apparitions, *Le Cheval surchargé*.
[202] *Jenseits* § 225.

5
Tours e *retours*: a praça forte

Estado da mais profunda meditação. Tudo feito para me colocar distante: nem por amor nem por ódio ligado. Como numa velha fortaleza. Traços de guerra; também de tremores de terra. Esquecimento.[203]

Ele apraz e no entanto...
Ele dorme a cavalo na sua pena imensa.
Seu caminho é o horizonte circular e a Torre perfurada do céu astronômico.[204]

Numa carta a Köselitz de 30 de dezembro de 1888, que não foi enviada, Nietzsche escreve:

Agora mesmo passei pela mole Antonelliana,[205] *o edifício talvez mais genial que tenha sido construído – estranho, ele ainda não tem nome – por um absoluto impulso para a altura – ele não evoca nada fora do meu Zaratustra. Eu o batizei Ecce Homo e no espírito o circundei de um gigantesco espaço aberto.*

---

[203] *Nachlass*, Herbst 1887 9 (172).
[204] Henri Michaux, *La vie dans les plis*.
[205] Torre de 167 metros concluída em 1888 e que, após ter sido prevista para uma sinagoga, permaneceu vazia e inutilizada: hoje abriga um museu do cinema!

Uma semana mais tarde, em sua carta de 6 de janeiro, o estudante do *inensinável* se identifica ao arquiteto Antonelli cujo funeral acaba de ser celebrado.

Ecce Homo é paradoxalmente o livro de um morto ou, antes, de um espectro (*Gespenst*) capaz de *passar por uma porta fechada*.[206]

"Ecce Homo" designa o Cristo de coroa de espinhos e, por metáfora, para os artistas, uma figura descarnada, como um esqueleto.

O livro que leva parodicamente esse título e é assinado explicitamente *Dionísio contra o Crucificado* recapitula a obra de uma vida e assim joga com retomar e repetir o destino do Cristo e seu sacrifício. Mas o Destino que o artista reivindica para si não é aquele de um Profeta, mas antes aquele de um palhaço, de um "louco" medieval, de um *alegre mensageiro* zombeteiro, repleto de humor negro.

O grande Ecce Homo que se ergue no centro de uma praça vazia é a paródia de um edifício, de uma Babel metafísica, de uma Torre que quereria reunir-se a Deus, da qual o escritor se apropria e que ele batiza e falsifica artistamente para dela fazer uma ficção.

Assim se eleva o contramonumento metafísico por excelência, a contraimagem da fascinação religiosa.

Seria demasiado fácil pegar o filósofo de 1888 em flagrante delito de fraqueza crística, quando toda a sua obra não cessa de colocar em questão o edifício, o sistema dialético, negativo, do Pai, do Filho e do Espírito Santo.

Chirico não deixa de pintar várias vezes essa torre que obstrui o espaço de suas praças onde se encontram seus ínfimos amigos. Ele revelará explicitamente o sentido crítico dessa altura, pintando o andaime arquitetural, derrisoriamente antropomorfo, do *Grande Metafísico*.

---

[206] *F.W.* § 365.

Mas essa torre metafísica oca, imagem de todas as igrejas arruinadas e vazias, que o insensato que proclama a morte de Deus na praça do mercado visita (aforismo 125 da *Gaia Ciência*), é também, como em Bataille, em seu *O Obelisco*, o sinal, o ponteiro do relógio de sol, da hora do fim, do *começo da tragédia* (penúltimo aforismo da *Gaia Ciência*), à maneira de Rossini em *La Cenerentola*.

O *desvairado* da praça podia prever que não deixariam de encerrá-lo naquilo que ele vê como uma saída, numa torre louca que é desvio excêntrico, centrífugo, fora de todos os retornos a si da interioridade metafísica.

Terrível ironia, prevista seguramente por aquele que sabe que seu tempo ainda não chegou e que decididamente é tido por louco.

Não lhe resta mais que encerrar-se em sua torre (*Tor*) na cidade louca (*Torino*), que esconde um portão (*Torweg*) em cuja abertura o piscar de olhos (*Augenblick*) deixa surgir o intempestivo do rir, da afirmação crítica para além de todo sério petrificante.

A torre-prisão é uma porta. A cidade fortificada da Vontade (*Der festeste Turm und Wille*)[207] é uma soleira (*unstet bin ich in allen Städten und ein Aufbruch an allen Toren*),[208] fora de todas as pátrias.

Assim se encerra, se reserva e se retira o louco, num humor sobre-humano, fazendo da loucura e de Turim seu túmulo, onde ronda o espírito, o espectro infantil que brinca de arco na rua.

A Torre Rosa: Julien Gracq soube sugerir admiravelmente a estranha entreabertura dessa porta que bate sobre o enigma:

> ... toda a luz é para o rosa do poente que pousa sobre a torre, no meio exato da tela. A equivalência, instável, que se estabelece para o espírito entre o rosa do reboco e o rosa do poente: ela deixa pressentir que o

---

[207] *ASZ* IV, Von der Wissenschaft.
[208] Idem, II, Von Land der Bildung.

monumento, produzido por uma qualidade da iluminação que o exige, não se manifesta verdadeiramente senão a uma certa hora eleita, sob forma exclusiva da aparição. A compressão, a redução emblemática da cidade, figurada até seus confins por atributos que são, eletivamente, aqueles de seu centro monumental (as arcadas e as estátuas equestres), enquanto o fundo da praça, com suas casinhas acoladas à torre, já é inteiramente rural; atravessando essa praça de dimensões imprecisas, que já é uma no man's land, *ultrapassamos uma fronteira onírica que faz do quadro, na sua profundidade, um quadro semipartido, um batimento de porta entre dois mundos, apreendido na imobilidade irreal do sonho acordado.*[209]

Estranha surpresa de uma passagem misteriosa entre a luz e a sombra, a cidade e seus foras, a civilização e a selvageria, a razão e a loucura.

Estranho batimento de coração entre a abertura de uma praça e o fechamento sobre si de uma fortaleza de desvairado.

A torre vermelha, 1913

---
[209] *Les Carnets du grand chemin,* Corti édit.

À direita, as patas e a cabeça de um cavalo de estátua equestre marcam como que a fronteira entre a cidade e o deserto: a sombra projetada do monumento se estende até o que bem parece, apenas perceptível, um torso enfiado no solo, na terra da praça: a nuca reclinada de uma cabeça de fantasma, de costas, enterrado na sombra negra da esplanada, forma já amiúde entrevista: decapitada em O enigma do oráculo, mas com sua cabeça, no quadro negro do Vidente.

Perto dessa forma enterrada, talvez, um animal deitado deixa apenas adivinhar uma de suas patas dobrada:[210] um cavalo de torso ereto e boca aberta. No canto do quadro, embaixo, à direita, como se enfiado no solo, aparece o esboço do furgão de mudança.

---

[210] Seria preciso aqui mobilizar a loucura investigadora de Salvador Dalí, que, em Le Mythe tragique de l'Angelus de Millet vai escavar e radiografar a terra do quadro para descobrir seu enigma, seu segredo.

Não acreditamos descobrir ali como que o surpreendente enigma do mistério selado de uma desaparição memorável, daquele que se perdeu e se salvou numa cidade cujo nome italiano, para um alemão, consona com aquele do portão fortificado: Torino-Torweg, mas também com aquele da loucura: Torheit...?

Os raios da tarde iluminam essa torre fechada em surda e cega fachada.

Mas essa iluminação crepuscular que alonga as sombras nessa zona fronteira, nos confins da cidade, não é também aquela da *Aurora dos dedos de rosa* de que fala Homero?

A mão do pintor nos faz essa promessa de um *rendez-vous* surpreendente de Meio-dia-Meia-noite sobre-humano e sobrenatural, do encontro por vir, da noite e do dia, da sombra e da luz, da sombra luminosa em pleno Meio-dia, no declínio do sol divino que se dispende, se dá e se abandona naquilo que ilumina.

Manter essa promessa não podia ser senão a chance de uma silenciosa mão de artista que vem da *Aurora*, de sua sombra multicor silenciosa, mítica e misteriosa, e mostra todas as auroras que ainda não luziram:

Quando se faz uma promessa, não é a palavra que promete, mas o inexprimido por trás da palavra. Sim, as palavras tornam menos vigorosa uma promessa, ao descarregar e consumir uma força que é parte daquela força que promete. Portanto estendei a mão, colocando um dedo sobre a boca – assim fazeis os votos mais seguros.[211]

---

[211] *Morgenröte* § 350, *Wie man am besten verspricht*.
Uma primeira versão desse texto foi publicada nos números 8 e 9 da revista *Artefilosofia* da Universidade Federal de Ouro Preto (UFOP) em abril e outubro de 2010, após conferência pronunciada em 2009 na mesma universidade. O autor agradece calorosamente a todos os professores brasileiros que generosamente o acolheram e, em particular, a Gilson Iannini e Douglas Garcia Alves.

Referências bibliográficas

Obras de Friedrich Nietzsche:

Sämtliche Werke, Kritische Studienausgabe in 15 Bänden, hg. von Giorgio Colli und Mazzino Montinari. München: Deutscher Taschenbuch Verlag/ de Gruyter, 1999.

Sämtliche Briefe, Kritische Studienausgabe in 8 Bänden, hg. von Giorgio Colli und Mazzino Montinari. München: Deutscher Taschenbuch Verlag/ de Gruyter, 1986.

Œuvres philosophiques complètes. Paris: Éditions Gallimard, NRF, 1967 a 1997.

Correspondance. Paris: Éditions Gallimard, 1986.

Obras de Giorgio de Chirico:

Catálogos e livros ilustrados:

Giorgio de Chirico – le métaphysicien. Paris: Édition Centre Georges Pompidou, 1982.

d'Arcole, Maurizio Fagiolo: *De Chirico*. Paris: Éditions Du Chêne, 1981.

Baldacci, Paolo. *De Chirico 1888 - 1919 La metafisica*. Milano: Leonardo Arte, 1997.

Holzhey, Magdalena. *De Chirico*. Köln: Taschen, 2005.

Textos de Giorgio de Chirico:

Hebdomeros. Paris: Éditions Flammarion, 1964.

Mémoires. Paris: Éditions La Table Ronde, 1965.

L'Art métaphysique. Textes réunis par Giovanni Lista. Paris: Édition L'échoppe, 1994.

Outras obras:

Bataille, Georges. *Œuvres Complètes*, tome I. Paris: Éditions NRF, 1970, 1988.

Blanchot, Maurice. *L'Entretien infini:* Le demain joueur. Paris: Éditions NRF, 1969.

Breton, André. *Le Surréalisme et la peinture*. Paris: Éditions NRF, 1965.

Nadja. Paris: Éditions Folio Gallimard, 1964.

Dastur, Françoise. *Hölderlin, tragédie et modernité*. Paris: Édition Encre Marine, 1992.

Deleuze, Gilles e Guattari, Félix: *Mille Plateaux*. Paris: Éditions de Minuit, 1980.

Deleuze, Gilles. *Critique et clinique*. Paris: Éditions de Minuit, 1993.

Détienne, Marcel e Vernant, J.P.: *Les Ruses de l'intelligence – La Métis chez les grecs*. Paris: Éditions Flammarion, 1974.

Dictionnaire des Mythologies, direção de Yves Bonnefois. Paris: Éditions Flammarion, 1999.

Hölderlin. *Poésies*. Paris: Éditions NRF, 1996.

Homère. *Iliade*. Paris: Éditions Belles Lettres, 1947.

Gracq, Julien. *Les Carnets du grand chemin.* Paris: Éditions José Corti, 1992.

Michaux, Henri. *La Vie dans les plis.* Paris: Éditions NRF, 1949.

Pindare. *Pythiques II.* Paris: Éditions Belles Lettres, 1955.

Podach, E. *L'Effondrement de Nietzsche.* Paris: Éditions NRF, 1931.

Crédito das ilustrações

Quadros de Giorgio De Chirico ilustrando o texto:

1 *A angústia da partida*, 1914 (p. 20)
   Óleo sobre tela, 85 x 69 cm
   Buffalo, Albright-Knox Art Gallery

2 *O filósofo e o poeta*, 1914 (p. 23)
   Óleo sobre tela, 82 x 66 cm
   Genebra, coleção particular

3 *O duo*, 1914-15 (p. 26)
   Óleo sobre tela, 81,9 x 59 cm
   Nova Iorque, The Museum of Modern Art

4 *Mistério e melancolia de uma rua*, 1914 (p. 61)
   Óleo sobre tela, 87 x 71,5 cm
   Nova Iorque, coleção particular

5 *O vidente*, 1914-15 (p. 65)
   Óleo sobre tela, 89,6 x 70,1 cm
   Nova Iorque, The Museum of Modern Art
   Legado de James Thrall Soby, 01214.79

6 *O mau gênio de um rei*, 1914 (p. 69)
Óleo sobre tela, 61 x 50,2 cm
Nova Iorque, The Museum of Modern Art

7 *O canto de amor*, 1914 (p. 80)
Óleo sobre tela, 73 x 59 cm
Nova Iorque, The Museum of Modern Art
Legado de Nelson A. Rockefeller, 950.1979

8 *Retrato do irmão do artista*, 1910 (p. 96)
Óleo sobre tela, 119 x 75 cm
Berlim, Staatliche Museen zu Berlin –
Preussischer Kulturbesitz, Nationalgalerie

9 *Turim primaveril*, 1914 (p. 99)
Óleo sobre tela, 125 x 102 cm
Coleção particular

10 *A torre vermelha*, 1913 (p. 116)
Óleo sobre tela, 73,5 x 100,5 cm
Veneza, Collezione Peggy Guggenheim

Desenhos de Jean Maurel

1 *Desenho para Mistério e melancolia de uma rua*, p. 61

2 *Quíron* (ilustração a partir de um vaso grego), p. 89

3 *Centauro com Eros* (ilustração a partir de uma escultura do Louvre), p. 101

4 *Desenho para A torre vermelha, detalhe em grande plano* (formas na sombra), p. 117

Outros

1 Foto de Nietzsche com Paul Rée e Lou Andreas Salomé, Lucerna, 1882, p. 104